# 來去宋朝住一晚

汴京城老司機，帶你吃喝玩樂365天！

雲葭 著

# 前言

在閱讀正文之前，希望翻開這一頁的你們能勻出兩分鐘時間，耐心看完這篇文字。感恩。

先來說說為什麼要寫這本書吧。某天我和編輯閒聊，聊著聊著我們就很感慨現如今的生活節奏太快，有時候會讓我們感受到壓力，有時候會讓我們產生一些消極的情緒——並不是覺得現在的生活不好，而是骨子裡的惰性使然，我們都很羨慕那些與「琴棋書畫詩酒花」為伴的古人。用網路流行語來說就是，好想去古代當鹹魚啊！

這個想法一出來，編輯對我說，就用這個書名了，妳寫一本這樣的書吧，介紹古人的鹹魚生活。就這樣，我們交換了彼此的構思，把這個一時興起的好玩的念頭變成了現實。

在我動筆之前，編輯做了很多工作，她查閱了不少資料，總結了一些古代常見的娛樂方式。並且，在創作方式上她給了我極大的空間。感謝的話不多說了，很想為這份默契乾杯。正因為如此，才有了這本書。

幾年前，我寫過詩詞賞析類的文集，所以我先入為主的想法是，結合現有的儲備知識，再查閱一些典籍，把古人那些有趣的、優雅的、安逸的生活方式呈現給大家，力求精準、嚴謹。但是這一想法很快就被我否定了。我仔細思考之後覺得，既然是介紹古人的鹹魚生活，那麼，太嚴謹的文字是不是無法戳到大家的共鳴點？既然這是一本輕鬆的書，那就用輕鬆的方式來寫吧，我寫得輕鬆，大家看得也輕鬆。

為了讓大家更好地代入文字，我用了幾個人物來串劇情——他們的作用相當於我們的「眼睛」，透過他們每一天的衣食住行等日常，我們就能輕鬆地知道，哦，原來古人的鹹魚生活是這樣的！當然，有必要說明的是，正文中提到的幾個人物以及他們身上發生的故事，都是虛構的，只有涉及的相關知識是真實的。我只是想用這些故事輔助大家去了解那個年代的種種，僅此而已。所以大家放心閱讀就行，不用糾結人物原型，也不用去查相關事件的資料。

熟悉我的讀者可能都知道，我對歷史一向滿感興趣的，尤其是漢唐時期的歷史。不過在我另一本書的寫作過程中，我接觸了很多宋朝文化，然後我突然發現，宋朝真的是一個很可愛的朝代啊！為什麼說她可愛呢？因為宋朝人實在太會生活了，且不拘一格。比如，宋朝是沒有宵禁的，夜市通宵達旦營業，燈火通明，什麼樣的小吃都能在夜市上找到；宋朝的酒樓包容性極強，不僅在餐飲服務上滿足了客人的需求，還為從事跑腿、斟酒等閒散職業的人提供了營生；宋朝的女子可以學習馬球、投壺和捶丸，還可以從事演藝、相撲等娛樂性工作。沒錯，就是你們理解的那個相撲。諸如此類，多種多樣。這也是為什麼我選擇把敘述的主視角放在了宋朝，我非常熱忱地希望，大家能像我一樣，了解並熱愛那個時代。

從事寫作多年，這是我第一次以享受的心態去寫一部作品，或許是因為把嚮往的一些東西付諸文字了吧。每寫一章，我覺得自己就像筆下人物一樣，跨越時光把他們的生活都經歷了一遍。有這樣的感受，也不枉對他們羨慕一場，很欣慰。

想囉嗦的話都在這裡了，再次感謝你們能耐心看完。希望即將開始閱讀的你們，能在字裡行間感受到古人生活的美，也能夠珍惜當下。

雲葭

二〇二〇年十二月三十日

# 目錄

# 喝茶篇

# 閨密的下午茶

一千多年前的某個午後，正在小憩的李小娘子從夢中醒來，收到了婢女送來的一張花箋。她打開一看，原來是閨密孫姑娘送來的。孫姑娘書曰：「親愛的，這幾日天氣甚好，我準備在家舉辦一個茶話會。明天下午三點，不見不散呀。」

李小娘子放下花箋，開始為明天的下午茶做準備了。

那時候的下午茶不像現在這麼隨意，嗑嗑瓜子聊聊天，吃吃甜點拍拍照，集夠照片上傳社群軟體了事。宋朝特有的下午茶非常講究，官方名稱叫做點茶。

點茶不僅是當時流行的品茶方式，更是親朋好友間以茶會友的娛樂方式，因此這樣的活動又被稱為鬥茶。點茶的基本技藝大致分以下幾步：1.把烘乾的茶餅碾成粉末，放入茶盞；2.沖入沸水，把茶粉調成糊狀；3.用特定的茶篩子不停地攪拌，出沫為止。

聽上去是不是有種很熟悉的感覺？沒錯，宋朝的這種點茶方法，就是現如今日本抹茶的鼻祖了。

李小娘子其人，宋朝標準文藝女青年，貌美慵懶，貓系性格，平日裡最大的愛好就是寫寫詩詞作作畫，時不時跟姐妹們安排吃喝玩樂活動，要嘛鬥茶，要嘛泛舟，日子過得有滋有味。點茶是李小娘子的愛好之一，她的點茶技藝堪稱朋友圈中的魁首。身邊的朋友但凡有類似的活動都會叫上她，一來助興，二來也好給自己爭光，畢竟，誰不想有個才藝雙絕的朋友呢。

收到孫姑娘這一邀請，李小娘子做的第一件事就是讓婢女把自己精心製作的茶餅都找了出來。她愛喝茶，自然有收藏好茶的習慣，往日朋友親戚送禮，也會精選一些好茶葉送給她。

婢女呈上李小娘子先前曬製的幾個茶餅，李小娘子選了最適合閨密口味的一款，讓婢女包好，待明日茶話會用。

翌日午後，孫姑娘家鶯鶯燕燕，熱鬧非凡，都是她平日來往密切的好朋友。妹子們都是精心打扮過的，環肥燕瘦，宛如一場選美大會。大家難得聚那麼齊，在下午茶正式開始之前，先來了幾輪八卦大會，比如張家小姐最近訂親了，周家公子考中了進士，李家……正說到李小娘子，話題在李小娘子進屋那一刻戛然而止。跟在身後的婢女端了一套點茶工具，還有剛碾好的茶粉。

李小娘子不是遲到，而是去後堂碾茶粉去了。碾茶這一過程比較耗時間，且這屋子裡人多，她習慣在安靜的環境下做準備工作。

隨著李小娘子進屋，大家聞到一陣很特別的茶香，宛如山間新芽。眼尖的人馬上看到了李小娘子婢女端著的托盤，於是問李小娘子：「妳是在哪家店買的茶餅，好香啊，推薦一下吧。」

李小娘子掩嘴笑：「我不習慣在外面買茶餅，這些都是我自己曬的。」

「是用什麼茶葉曬的？」

「福建建州產的茶。」

「哇，好香啊，下次有好的茶葉約姐妹們一起曬茶餅啊！」

「好啊好啊。」

一番閒聊，大家已經相約改日一起曬茶葉製茶餅。因為大家明顯感覺到了，李小娘子的茶餅和她們從外面買來的完全不一樣——除非是對茶有特殊愛好的人，不然不會費那麼多時間自己曬製茶餅，市面上多的是成品售賣。甚至還有碾好的茶粉出售，省時省力。在座大部分姑娘都是直接帶著碾好的茶粉來的。

東道主孫姑娘客套了幾句，宣布進入了今日茶話會的主題：鬥茶。姑娘們躍躍欲試，都想展示一下，她們在家可沒少學這點茶的花樣。

李小娘子的茶粉是剛碾好的，還帶著清香，占了第一個優勢。她和其他人的操作步驟差不多，先把茶粉放入茶盞，倒入沸水，調成了糊後用茶筅擊拂出沫。

按照鬥茶的規則，誰的茶湯顏色更白，茶沫沾著茶盞的時間更長，誰就贏了。這兩個比賽規則分別被稱為鬥湯色和鬥水痕。

毫無懸念，李小娘子在這兩方面都更勝一籌，贏了鬥茶的第一局。在這個春日裡，她參加過大大小小各種姐妹鬥茶局，幾乎沒有敗績。

姑娘們相互交換茶盞品茶，不由得對李小娘子的手藝心服口服。自己曬製的茶餅就是不一樣！

閒聊了一會兒，孫姑娘又提出了茶話會的第二輪比試——分茶，又稱茶百戲。

分茶的難度指數比較高，不僅要挑選上好的茶餅，使得杯中茶能被擊拂出豐富的茶沫，還得借助茶沫在茶湯上作畫。一千多年後的現在，有手藝的人們在咖啡上也可以表演這項絕活，叫做咖啡拉花……

分茶是宋朝茶藝高手們用來陶冶情操的，既能讓原本枯燥的點茶具有趣味性，也能提高茶話會的格調，深受當朝文藝男女青年們的喜愛。按照他們當時的眼界，分茶圖案大多是文字，或山水、花鳥蟲魚等自然景觀。

李小娘子今日的分茶作品是一幅鴛鴦戲水圖，比起其他姑娘的山水圖，她的作品難度指數更高，也更生動。自然，她又贏得了第二輪比賽。

閨密這麼給力，孫姑娘甚是開心，趕緊吩咐婢女端上了水果點心。順便，這兩輪比試之後，她們已經定好了下次聚會的主題——一起曬茶餅。

夜幕降臨時，姑娘們才依依不捨，告別回家。

**小知識**

1. 兩宋時期，福建建州產的茶葉很受歡迎，其中不少珍貴品種是上貢給帝王的貢品。據說鬥茶也興起於建州，興起原因是茶農們比試茶葉優劣。
2. 宋朝茶文化盛行，宋徽宗就是位點茶高手，他還寫過一部關於茶的論書，叫《大觀茶論》。
3. 點茶在宋朝有極高的藝術地位，和焚香、掛畫、插花並列，無論富貴人家還是平民百姓都很享受這些生活方式。

# 老祖宗喝茶會加佐料

李小娘子帶姐妹們曬製了幾次茶餅，頗有成效，她「茶藝女王」的稱號不脛而走。在那個樸素的年代裡，茶藝女王當然只是字面意思啦。

這一天，熱中搞聚會的孫姑娘又有了新的主意，普通的下午茶已經滿足不了她了，為了保住派對女王的頭銜，她得來點創新。於是，李小娘子拿到的花箋上是這樣寫的：哈尼，後天又是聚會日啦，姐妹們對妳的茶藝課十分期待，這次我們能不能來點新花樣，試試泡不一樣的茶？

說到新花樣，李小娘子有些頭痛。選茶葉、曬茶餅、點茶、分茶……和茶有關的她都展示過了，還有什麼新花樣？

看到李小娘子冥思苦想，婢女也替她為難：「喝茶的方式就那麼幾樣，再翻新也翻不出什麼花樣來啊！」

（南宋）劉松年〈盧仝烹茶圖〉

聽了婢女的話，李小娘子靈光一閃。不能翻新，那就溫故吧。她興沖沖地給閨密回了信，然後把自己關進書房，溫習前人喝茶的方式去了。

李小娘子以前聽她爸提過，老祖宗喝茶不叫喝茶，叫喫茶。之所以叫喫，是因為他們真的會往裡面加各種佐料——鹽、薑、蔥、桂皮、陳皮等。她爸還給她演示過幾種喫茶的方式。在唐朝，這些喫茶方式統稱為煎茶。

李小娘子回憶了她爸演示的煎茶步驟，又翻開陸羽的《茶經》研究了一番。

唐代的煎茶法始於陸羽，後經改良簡化，大致步驟為：1.炙烤茶餅，碾碎成碎末；2.篩去細碎部分，留下茶末；3.將茶末和各種佐料放置在一起煎製。

對於今人而言，煎茶法聽著似乎有些暗黑，而且茶粉跟各式各樣的佐料一起煮，不像煎茶，更像熬湯。不過，現如今兩廣一帶流行的擂茶，就有唐人煎茶的影子。

李小娘子結合她爸之前的示範，還有《茶經》中所闡述的，慢慢琢磨出了其中精髓。為了在茶話會上不出岔子，她決定先彩排一下。她翻箱倒櫃找出了她爸的煎茶工具，在爸媽面前演示了一遍，深受好評。雖說唐人和宋人的喝茶方式不一樣，但萬變不離其宗，她茶藝女王的名號不是白叫的。

日出月落，很快又到了孫姑娘的下午茶聚會。隨著天氣漸漸變熱，姑娘們換上了輕薄的夏裝。孫姑娘瞄了一眼大家的穿著，有了新靈感，下次她似乎可以搞一個時裝秀。

李小娘子事先沒有告訴孫姑娘她要搞的新花樣是什麼，當她帶著新工具姍姍來遲，大家都有些迷糊，她們以前沒見過這些奇怪的工具。不是說喝茶嗎？怎麼看著好複雜的樣子？有好奇的妹子悄悄數了下李小娘子的婢女端著的工具，大大小小足有二十多種。

李小娘子看出了大家的疑惑，她驕傲地宣布：「今天我要給大家演示的是前朝流行的喝茶方式，叫做煎茶。」

婢女按照李小娘子的吩咐，將工具一一擺好，其中最不可缺的一樣是她讓人特地從郊區山中取來的泉水。山泉水煎茶，茶更清香。

這一次，李小娘子難得在人前碾茶粉。沒辦法，煎茶和點茶不一樣，翻烤茶餅也是煎茶過程中非常重要的一個步驟。她小心翼翼將烤好的茶餅趁熱包好，生怕香味散去。等到茶餅冷卻，她將茶餅碾成了米粒大小。

這時，鍋中的水也煮沸了，李小娘子往裡面加了鹽。水再次沸騰的時候，她取出一勺備用，倒入了茶末，用竹夾攪動。煮沸後，她把先前取出的備用水倒進去止沸，這時候，茶湯表面漸漸生出了茶沫。至此，茶湯也就煎好了。

細品了李小娘子的煎茶，姐妹們若有所思。有的人甘之如飴，有的人覺得新奇，有的人喝得不太習慣。但無論如何，李小娘子能把前人的煎茶復原得這麼到位，小姐妹們齊聲稱讚。

## 小知識

1. 煎茶是茶聖陸羽在《茶經》中記載的一種喝茶方式。關於煎茶所用之水，陸羽認為，「山水上，江水中，井水下」。

2. 煎茶在唐朝十分流行，宋朝時期，由於點茶法越來越風靡，煎茶法逐漸式微，只有少部分地區的人還有煎茶的習慣。據記載，到了南宋晚期，煎茶法才逐漸消失。

3. 廣東的擂茶，裡面會加入大米、花生、綠豆、茶葉等，搗成糊狀沖泡，可解渴、充飢，和煎茶有相似之處。

# 踏春篇

# 在畫卷中見證曾經的春日盛況

寒食節過後，春暖花開，汴京城裡也漸漸熱鬧起來。李小娘子的婢女去市集採購，回來跟她描述了人們出遊的盛況，她一臉羨慕。

李小娘子慵懶地靠在榻上看一本唐朝的詩集，很巧的是，她看的詩描繪的就是長安城的婦人們去踏春的畫面。她把書合上，伸了個懶腰。她不是不想出門，只是最近孫姑娘被她哥督促著練字，她不能撇下閨密單獨出去享樂。而且她爸也說了好幾次，讓她趁著眼下景色優美，多汲取靈感，寫點優秀作品出來。

如此良辰美景，她們閨密倆卻都被關在家裡「寫作業」，真是太可惜了！李小娘子心痛，吩咐婢女：「幫我拿件外套，我去院子裡逛逛。」出不了門，她只能在院子裡賞景了。

李小娘子的院子裡有個小池塘，裡面養了幾尾錦鯉。春天來了，連魚都游得格外歡快。池塘邊的桃樹早就開滿了花，枝頭上一簇一簇的，引來了成群的蝴蝶。

李小娘子一邊散步一邊作詩，興致盎然。這時候她聽到牆外傳來說話聲，婢女提醒她：「好像是妳堂哥李郎來了，剛才聽夫人說李郎要來送東西。」

婢女話剛說完，李郎進了院子，手裡拿了一個卷軸。

「妹妹好啊，今天天氣這麼好，妳怎麼沒出去踏春？」

「我倒是想出去，最近每天忙著寫作業呢，我爸回來要檢查的。」

李小娘子是個知識分子，就算她爸不說，她也免不了要動動筆墨的，不然都不好意思以文藝女青年自居。

「你呢，怎麼突然來我家了？」李小娘子看了一眼李郎手中的卷軸，好奇，「你拿著的是什麼畫啊？」

「妳爸不是喜歡收藏前朝字畫嗎？我最近剛收了一幅，得空馬上給他送來了。妳媽說妳爸訪友去了，還沒回來，我就想先拿來給妳看看。」

「能讓你這麼寶貝的，看來是幅佳作啊。」

李小娘子把李郎迎進屋，讓婢女倒了茶，他們認認真真開始賞畫了。

李郎給她介紹，這幅〈清明遊春圖〉是唐朝無名氏的作品，但繪畫技藝並不比一些名家遜色，描繪的是十幾個唐朝貴族男女在湖邊踏春的場景，有的賞花，有的吟詩，有的遊船，有的鬥草……畫中場景大概發生在清明節當天，所以叫了這個名字。

「怪不得你這麼著急來給我爸送畫，原來是要趕在清明前啊。太有心啦。」李小娘子誇讚。她仔細端詳手中的畫，思緒也像是飛進了畫裡。

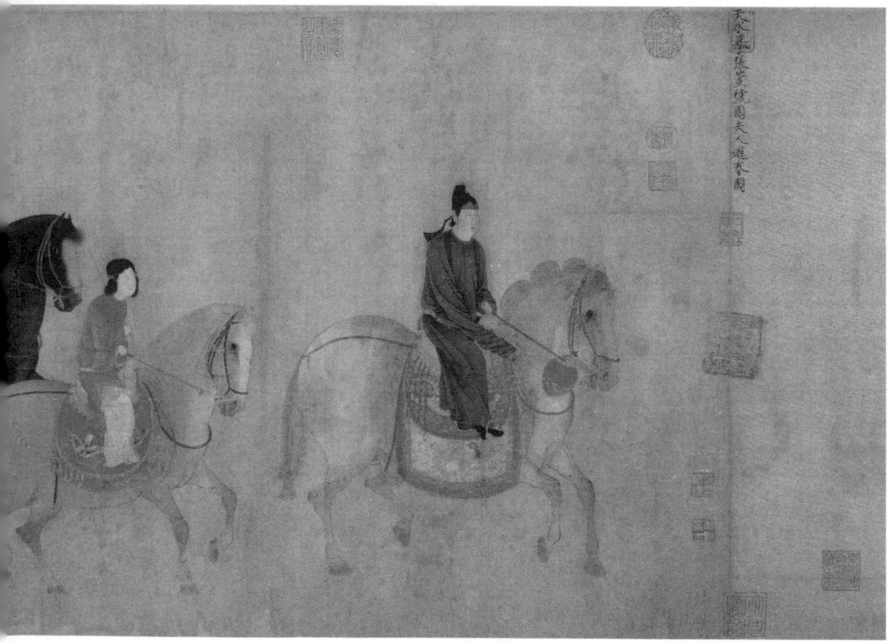


（唐）張萱〈虢國夫人遊春圖〉

唐朝民風開放，百姓生活富足，是一個全民熱中遊玩的時代。一到清明，長安城的百姓便聚集到郊外，騎馬踏春，陶冶性情。貴族男女更是會直接在水邊舉行宴會，有食物酒水、歌舞器樂，場面又隆重又熱鬧。

也是從唐朝起，踏春開始有了儀式感，而且踏春一度成為當時的「相親大會」。不少情竇初開的少男少女就是在踏春的時候遇見了心上人，可以說，那是一個創造自由戀愛的絕佳契機。

李小娘子時常羨慕唐朝的

女子，她們似乎活得更恣意。就好比眼前的這幅畫，右上角的杏花樹下，三位少女穿著鮮豔的齊胸襦裙，開懷大笑。湖面上有一葉扁舟，一男子正在划船，兩名少女坐在船頭，其中一位把腳放進水中嬉戲。畫的左下角，一名盛裝打扮的婦女正騎著馬，馬蹄邊圍繞著兩隻蝴蝶。

「這裡，為什麼蝴蝶要圍著馬蹄飛？」李小娘子好奇，指著畫問李郎。

李郎笑著作答：「既然是騎馬踏春，這馬蹄肯定是踏進過花叢，留有餘香，吸引了蝴蝶。」

「原來如此。他們太會享受生活了，看得我好羨慕。」

「這有什麼可羨慕的，妳要是想出去玩，隨時都能出門。這不馬上就到清明了嗎？有沒有興趣跟我去郊外走走？」

李小娘子眼前一亮，「我也是這樣想的。等我約上我閨密，我們大家一起呀，人多熱鬧。」

「好啊，那我再叫上我的幾個朋友，清明那天我們城郊湖邊見。」

「你帶上琴，我帶些糕點，我們可以在湖邊一邊賞花一邊野餐。」李小娘子規

（宋）王詵〈蓮塘泛舟圖〉（局部）

劃得很好，想想都覺得高興。她準備給孫姑娘寫個帖子，讓她記得把風箏帶上。聞著花草香奔跑在郊外的湖邊，那該多愜意啊！

李郎和李小娘子聊得很投機，兩人都很高興。不一會兒，婢女來報，說李小娘子的爸爸李老爺回來了，李郎這才告辭，拿著畫找他叔叔去了。

李小娘子還沉浸在對畫中春日的暢想中，她面帶微笑，提起筆給閨密寫信。

## 小知識

1. 自先秦時期起，古人就有春日出遊的習俗。那時的人們選在上巳節這一天在水邊舉行祓除不祥的儀式，蘭湯沐浴，齋戒祭祀，《詩經》中不少關於愛情的名篇，其故事就發生在這種情況下。魏晉以後上巳節逐漸成了水邊宴飲的節日。
2. 春日出遊在唐朝成為風氣，無論男女皆聚集在郊外，縱情山水。名畫〈虢國夫人遊春圖〉記錄的就是唐朝貴族婦女踏春的畫面。

# 春花爛漫的季節，適合一見鍾情

清明的一大清早，李小娘子穿上了她媽媽親手給她繡的新鞋子。這雙繡鞋有著春天一樣粉嫩的顏色，鞋面上各繡了一隻飛舞的蝴蝶，側面繡著朵朵桃花，繡工極其精巧。李小娘子開心極了，不由得開始佩服她老媽的手藝。難怪老媽經常吐槽她「手殘」，刺繡作品完全不能看。果然啊，沒有對比就沒有傷害。

婢女跟著欣賞李小娘子的新鞋子，開始拍馬屁：「哇，這雙鞋真是太好看啦，穿在妳的腳上簡直是足下生輝，跟妳的這身衣裙也極其相配！」

李小娘子被誇得很開心，臨出門前特地照了照鏡子。她穿了身鵝黃色的褙子，梳了流蘇髻，戴著步搖，身姿搖曳，顧盼生輝。她對自己的裝扮滿意極了。

宋朝的女孩們有個不成文的規定，踏春一定要換上最好看的衣服和鞋子，尤其是繡鞋，那可是踏春出遊的點睛之筆。有的女孩甚至剛一開春就會準備繡鞋，以求能在清明那天精采亮相，贏得姐妹們的讚美聲。

孫姑娘和李小娘子在差不多的時候抵達了湖邊，她們上上下下打量彼此的裝扮，開懷大笑。孫姑娘今天也是精心拾掇過的，她難得穿這麼繁瑣的衣服。李小娘子瞄了一眼她的繡鞋，一看就是花了不少錢買的，繡花複雜而精美，絕對是重工製作！

掃視了一圈周圍女孩們的繡鞋，李小娘子心裡嘀咕，孫姑娘絕對贏了，錢真是個好東西，能買來漂亮的衣服鞋履，還能買來好心情！

孫姑娘發現李小娘子在看自己的繡鞋，得意洋洋：「我媽在潘樓街的鞋店訂做的，物超所值，推薦妳下次也去他們家買鞋。」

李小娘子問了是哪家店，然後連連搖頭。那家店太貴了，她要買這麼貴的鞋子，她媽會打死她的。

春風吹來，空氣中瀰漫著花香和青草香。放眼望去，這四周山上的桃花都盛開了，桃花林中夾雜著梨花、杏花、迎春花。在這個鮮花爭奇鬥豔的日子，湖邊的妹子們也爭奇鬥豔，一個個花枝招展，像畫裡走出來的人。

孫姑娘打發婢女在湖邊鋪了一塊繡花布，把從家中帶的零食擺了出來。有杏乾、棗糕、香糖果子、肉脯。李小娘子也讓婢女從馬車把她帶的糕點取了過來，她比較專業，帶了青糰、米糕、奶酪，還有一壺杏花酒。

青糰是李小娘子親手做的，每年清明她都會在她媽的指導下動手做些小糕點。孫姑娘嚐了一塊，連連稱讚。

兩人吃了些糕點，喝了一小杯酒，又跟其他朋友們聊天嬉戲了一番，李郎才出現。他大老遠喊李小娘子的乳名，跟她打招呼。

孫姑娘聽見聲音，抬頭一看，只見一個穿著青衫的翩翩少年走下馬車。她的臉瞬間紅了，心想這位男士長得也太帥了吧！她覺得自己要戀愛了！

孫姑娘這一反應，李小娘子全看在眼裡，心想，怪不得踏春自古以來就是個大型相親會。看，這不就有一見鍾情的了嗎？

「我介紹一下，這位是我堂哥李郎，這位是我閨密孫姑娘。兩位打個招呼吧。」李小娘子笑嘻嘻，並沒戳破閨密的心思。她假裝不高興，埋怨李郎：「你遲到了一個小時哦，怎麼到現在才來？」

「跟我爸媽說好了一早去祭祀，我媽早上起來身體不太舒服，耽擱了。剛祭祀回來，我就趕緊過來了。」

說到祭祀，李小娘子想起來了：「我爸媽也去祭祀了，他們這次沒叫我，想來知道我懶。」

「前幾天剛下完雨，山野路滑，妳們女孩子不去是對的。我們在山間碰到妳爸媽了。」

李小娘子心想，肯定會碰到的，她爸和李郎的爸是親兄弟，祭祀的也是同一個祖先。

他們交談了一會兒，李郎的朋友們遠遠地看見他，都過來寒暄了一番。其中一位拿著琴的男子跟李郎很熟的樣子，叫趙公子。李郎介紹說那是他的好朋友，他讓趙公子坐下給大家彈一曲。

孫姑娘時不時偷瞄李郎，心跳加速。李郎渾然未覺，吃著妹妹做的青糰，聽著朋友彈奏的曲子，怡然自得。一曲完畢，大家鼓掌，恭維了趙公子一番。

李小娘子怕孫姑娘的小女兒心思太明顯，趕緊拉著她放風箏去了。連她都看出來了，身邊兩位公子遲鈍是遲鈍了點，但也遲早會發現的。現在可還不是表白的時候呢，女孩子還是要矜持些的，何況孫姑娘還是個大家閨秀。哎，閨密太花癡，她真是頭疼啊！

遠離李郎，孫姑娘立刻正常了。她和李小娘子一前一後，人手一個風箏，不一會兒就放得很高了。其他姑娘見她們的風箏飛得那麼高，也圍過來湊熱鬧。

李小娘子拉著風箏線小跑著，耳邊的風帶著春日的香氣，她完全陶醉了。這個時候她再也不羨慕畫中的唐朝女孩們，因為她們其實都一樣，都有著一顆熱愛生活的心。

**小知識**

1. 祭祀本來是寒食節的習俗，魏晉時期祭祀基本上安排在寒食節，但由於寒食節和清明離得太近，到宋朝，人們逐漸把寒食和清明的習俗合二為一，他們會在清明這一天祭祀，也會去郊外踏春。

2. 宋朝飲食文化豐富，除了青糰，清明那天，汴京城的街頭和廟會上有很多小吃售賣，如稠餳、米糕、麥飯、奶酪、杏仁粥等。

3. 宋人很重視踏春出遊的儀式感，清明當天婦女們會化精緻的妝容，穿戴隆重出行，尤其會換上一雙精美的繡花鞋。她們在郊外的娛樂活動也很豐富，如放風箏、鬥草、賞花等。

# 插花篇

# 如果感到無聊，就去市集聽一聽賣花聲

汴京城的春天是一年四季中最美的時候。城中的女孩們不僅喜歡結伴去郊外踏春，更喜歡舉辦以插花為主題的派對。宋人風雅，幾乎人人愛花，商販們會趕在春暖花開的時節採購鮮花，帶到市集上售賣。

這一天，李小娘子在家中閒來無事，覺得很無聊。婢女攛掇她出門走走，說這麼好的日子待在家太浪費光陰了，不如去市集逛逛，聽聽貨郎的賣花聲，感受一下汴京城裡的春天氣息。李小娘子聽了，覺得這是個好主意，於是吩咐馬車，在婢女的陪同下出門了。

快到潘樓街的時候，李小娘子掀開馬車的簾子往外看。大街上實在太熱鬧了，挑著擔子的貨郎比比皆是，四處都能聽見賣花的吆喝聲。這吆喝聲不僅在鬧市此起彼伏，周邊小巷子也餘音嫋嫋，不絕於耳。有賣杏花的，賣芍藥的，賣棣棠花的……

李小娘子這樣的文藝女青年，自然比普通人更愛花，她插花的技術在她一眾朋友中也可圈可點。

在宋朝，插花是大戶人家女孩的必學課程，官宦家庭會請專門的插花師傅來家裡授課。可以說，插花這門藝術，在當時的地位一點都不比詩詞歌賦低。

李小娘子十歲左右，她的媽媽李夫人就手把手教她插花了。李夫人是世家出身，插花這種小事對她來說簡直是信手拈來。李小娘子自詡手藝不錯，但是跟她媽這樣的高手相比還是有些距離的。除了插花，李夫人還擅長刺繡、馬球、投壺、合香……除了詩詞書畫，其他方面李夫人可以說是把她碾壓得死死的了。

也正因如此，李夫人總是對李小娘子不夠滿意，時不時要求她學這學那，望女成鳳的心非常迫切。比如前幾天，李小娘子就被要求，找一天時間在家辦一次插花會。李夫人準備親自授課，讓女兒邀請閨密好友們參與。

李小娘子的請柬已經發出去了，除了最好的閨密孫姑娘，她還邀請了平時玩得比較好的五、六個女孩。

（北宋）趙昌〈花籃圖〉

今日來市集逛了這麼一圈，李小娘子也總算明白，為什麼她媽這麼興師動眾要搞插花會了。眼下正是百花綻放的季節，市場上能買到的花材，屬一年之最。這個時候不與花為伍，也算是浪費春光了。

李小娘子邊走邊看，逛到了飛虹橋邊。她看見橋頭一家鋪子裡鮮花種類格外多，而且還很新鮮，蜜蜂在四周嗡嗡飛著。李小娘子四處打量，挑了杏花、玉蘭、梔子、牡丹等，讓老闆幫忙包好。老闆見李小娘子的打扮像是大戶人家，非常有耐心，笑著說再附贈幾枝桃花給她，讓她下次帶朋友來。

李小娘子等候期間，幾個簪花的少年郎從她身旁走過，談笑風生。她忍不住多看了幾眼，沒想到男子簪花也這麼好看。

沒錯，宋朝男子有簪花的習俗，不僅少年人頭上簪花，就連白髮老翁也會在頭頂簪上一朵自己喜歡的花！若是在見不到鮮花的季節，他們也會用仿真的絹花代替。歷朝歷代，恐怕再也找不出比宋朝人更愛花的了。

李小娘子被眼前景象陶醉，心情也像盛開的鮮花一樣。她抱著老闆包好的花束，高高興興地回家了。

## 小知識

1. 宋朝人愛花，簪花的習俗風靡一時。這一習俗不分男女老少，上自宮廷貴族，下至平民百姓，可以說人人皆愛簪花。最值得一提的是，男子簪花在宋朝十分常見，皇帝辦完壽宴會賜花給百官和侍衛，大家按品級簪花。

2. 汴京城中，各大酒樓、店鋪會插花吸引客人，招攬生意。《夢粱錄》記載：「汴京熟食店，張掛名畫，所以勾引觀者，留連食客。今杭城茶肆亦如之，插四時花，掛名人畫，裝點店面。」

3. 在宋代之前，並沒有關於鮮花種植和買賣的專門行業。只因宋人對簪花和插花的喜好，不少人開始以種花、賣花為生，與花卉相關的行業也因此產生。《東京夢華錄》記載，汴京城中，「萬花爛漫，牡丹、芍藥、棣棠、木香種種上市。賣花者以馬頭竹籃鋪排，歌叫之聲，清奇可聽」。又如陸游詩，「小樓一夜聽春雨，深巷明朝賣杏花」。

# 沒有鮮花的春天是不完整的

豔陽高掛的早晨，李小娘子家一年一度的插花課堂開始了。主辦人李小娘子，主講人李夫人，參與者王姑娘、周姑娘等等，都是李小娘子的手帕交，也是派對女王孫姑娘家的常客。

和往年不一樣，這一次插花課的舉辦場地挪到了室外——李家後花園。這是李小娘子的主意，她覺得今天天氣適宜，不冷不熱，陽光又那麼和煦，在花園邊賞景邊插花，得是多麼享受的一件事！

受邀的姑娘們一來到李小娘子家，就被下人帶去了花園。她們看見花園中擺放的桌椅，立刻猜到了主人的用意。往年她們也來李小娘子家參加插花沙龍，沙龍場地大多設在廳堂。今天能在這麼開闊又鳥語花香的環境中插花，她們也覺得很愜意。

姑娘們陸續到齊了，一一入座。婢女們端上了今天插花課要用到的花材，這些鮮花都是李夫人一大早派人去市集上採購的，有牡丹、桃花、芍藥、菖蒲、玉蘭等，花瓣上帶著露水，尤為新鮮。

李小娘子跟她的小姐妹們挨個打招呼，照例聊了些小八卦。似乎是為了配合插花的主題，今天大家穿得都很「春天」，花枝招展的。李夫人也不例外，她姍姍來遲，壓軸隆重出場。在場的妹子們遠遠看見李夫人從迴廊往花園走來，她穿了件緋紅的褙子，髮髻上簪了朵芍藥。

李夫人一走近，嘴甜的孫姑娘立刻誇了句：「哇，阿姨妳今天太美了，簡直人比花嬌。妳頭上的芍藥都黯然失色了！」

「妳又調侃我，哈哈。」這句誇讚對李夫人很受用，她笑得像個少女一樣。

寒暄完畢，李夫人吩咐婢女把插花的器具也都端上來。她對姑娘們說：「今年氣候溫暖，花開得比往年都要早。我挑選了幾種適合的花材，今天我們來講一下怎麼搭配花器吧。」

擺在大家面前的花器有好幾種，分別是花籃、瓷瓶、玉瓶、銅瓶。尋常人家插花，用瓷瓶居多，所以李夫人從瓷瓶開始講起。她拿了一枝桃花，把花枝剪到了適合的長度，根據瓷瓶大小做了造型。她邊插花邊講解，著重提到花枝切口要怎麼剪，插入花瓶後要怎麼做造型。

每個人分到的瓷瓶都是不一樣的，李夫人說讓大家隨意發揮，但是花的造型得跟花瓶相稱。姑娘們紛紛拿起花剪，根據李夫人說的，各自擺弄花的造型。

李小娘子在插花方面頗有天賦，不一會兒就完成了作業。其他人也都陸續完成了。李夫人掃了一圈，總體來說還可以。她讓大家互相點評，揚長避短，一會兒用玉花瓶的時候，得避免更多問題。因為玉瓶比瓷瓶小巧精緻，插花的時候尤其要注意，既要展示出花瓶的典雅，又不能讓花瓶搶了花的風頭。

姑娘們似懂非懂，摸索著學習。很快，她們就完成了玉瓶、銅瓶和花籃的插花課程。

講解完花器和花材的搭配，李夫人又詳細給大家講了牡丹花的插法。牡丹被譽為花中之王，價格也比其他花材貴了不少。大戶人家插花，牡丹是必不可少的。因此，李夫人覺得很有必要單獨講解一下牡丹花。

在座的女孩子們，幾乎沒有不愛牡丹的，孫姑娘今天頭上簪的就是一朵鮮紅的牡丹。

李小娘子一邊修剪花枝一邊感嘆：「可惜汴京種植牡丹的花農不多，聽說洛陽城裡人人家中都插牡丹呢。」

孫姑娘附和：「是的是的，我也聽說了。洛陽城裡，富貴人家用花瓶插牡丹，市井人家用花筒插牡丹，總之春天一到，幾乎每家每戶都會擺上一瓶牡丹花。」

「沒辦法，誰讓洛陽產牡丹呢。羨慕不來。」

就著牡丹花這一話題，大家又討論了一番。

不知不覺三個小時過去了，在座每位同學都完成了幾個優秀的作品。她們對這樣的插花沙龍十分鍾愛，紛紛提議，讓李夫人多辦幾次。

李家花園裡，各種各樣的鮮花也含苞待放。李夫人說，下次插花會可以從自己家花園裡就地取材，既新鮮，又能省下一筆買花的錢。姑娘們附和，紛紛贊同。

**小知識**

1. 宋朝之前，插花是流行於上層社會的藝術，大多出現在宮廷和官宦人家，以及佛堂供花。到了宋朝，插花逐漸走入尋常百姓家。現存的不少宋代畫作中都能看到插花的影子，可見插花對宋人生活影響之大。
2. 洛陽是牡丹的產地，城中幾乎家家戶戶都會有牡丹插花。據歐陽修《洛陽牡丹記》中記載：「洛陽之俗，大抵好花。春時城中無貴賤皆插花，雖負擔者亦然。……大抵洛人家家有花。」
3. 《夢粱錄》記載，「燒香點茶，掛畫插花，四般閒事，不宜戾家」，足以見得，插花在宋朝不僅地位高，而且是十分普遍的事。

# 焚香篇

# 女兒心事與「圍爐夜話」

到了立夏，夜晚漸漸暖和起來。李小娘子本就不愛早睡，她在書房翻了會兒雜書，見夜色這麼好，心血來潮想喝點酒，於是打發婢女去給她拿一壺她最愛的羊羔酒來。

婢女剛走沒一會兒，又折回來了。

李小娘子納悶：「這麼快？酒呢？」

婢女回答：「沒來得及取，我看見孫姑娘來找妳了，她剛進大門。」

李小娘子十分疑惑，不知道孫姑娘有什麼急事，她們認識這麼多年，孫姑娘頭一次這麼晚來找她。但既然來了，她肯定是要好好招待人家的。於是她讓婢女去拿雙倍量的酒，順便找小廝去買點下酒菜回來。

孫姑娘進來的時候，李小娘子已經把書桌收拾出來了，筆墨紙硯都被放回了書架，取而代之的是布好的香席。

孫姑娘一看這架式，很高興：「妳是知道我要來，準備好了香席等我嗎？」

李小娘子得意：「豈止是香席啊，還有好酒好菜呢。」

「這香丸看著很別緻，哪裡買的？」

「不是外面買的，我堂哥親自合香送我的。」

李郎是位資深香道玩家，不僅喜歡品香，收藏香，還是一位合香高手。前不久他來找李小娘子喝茶，帶來的禮物就是他親手製作的香丸。

孫姑娘一聽是李郎合的香，小臉一紅，女兒心思立刻暴露出來了。自從郊外踏春那次相見，她就對李郎念念不忘。

很快，婢女取來了兩瓶羊羔酒，小廝買的下酒菜也到了。婢女斟酒布菜，二位姑娘則進入了下一主題，焚香夜聊。

李小娘子取了一枚香炭，點燃燒到通紅後，放在炭架上讓它繼續燃燒。然後拿了個三足刻花香爐，倒入香灰，用香匙將香灰打散，又慢慢攏好。

在李小娘子撥弄香灰的時候，孫姑娘按捺不住，終於開始吐露今晚來的目的了：「聽說下週妳堂哥要在家置辦一個派對？」

李小娘子一聽，瞬間懂了。孫姑娘對她堂哥有意思，這事她在清明的時候就看出來了。她故意裝作沒聽懂：「是有這麼件事。他最近收了些好的香料，想辦個香席，約了很多狐朋狗友去家裡聚會。」

「有邀請妳嗎？」

「當然有啊，他還指望我去幫他給大家泡茶呢。」

孫姑娘喜從中來：「能不能帶我一起去啊？我對合香很有興趣，想向他請教請教。」

「是嗎？妳到底是對合香有興趣，還是對合香的人有興趣？」

被戳中心事，孫姑娘臉一紅：「哎呀討厭啦！」

這個時候，香炭已經充分燃燒了。李小娘子在香灰中間挖了個洞，把香炭放進去，輕輕蓋上香灰。她從盒子裡取出一枚銀箔放在香炭上方，用香箸夾了一顆香丸放置於銀箔上。

半晌，香丸被炭火的溫度熏熱，書房裡頓時充滿了香味。

（南宋）馬遠〈月下把杯圖〉

孫姑娘誇讚：「這香丸真獨特，能同時聞到蘭花香，還有龍腦香的味道。」

李小娘子打趣她：「妳居然能分辨得這麼清楚，看來也是某人的『知音之人』哪。」

「討厭，別再取笑我啦！」

李小娘子深諳焚香之道，平日在家看書時，也經常會給自己布個香席，李公子也經常會給她送一些香丸之類的。但是論合香，她是個外行。她所用的香丸，大部分是從市集的舖子裡買來的。相比之下，孫姑娘對香的品鑑水準要在她之上。

李小娘子端起酒杯：「來呀，為了這美好的夜晚，喝一杯。」

二人碰了杯，孫姑娘又問：「話還沒說完呢，妳到底帶不帶我去妳堂哥的派對啊？」

「妳是他的知音，當然得帶妳啊，不然我一個人去了也聽不懂他那些合香的理論。」

孫姑娘開心極了，看來今晚沒白來！她一高興，忍不住多喝了幾杯。李小娘子素來愛喝酒，有閨密陪著喝，也不小心喝多了。

月亮高掛，二人喝得盡興，李小娘子邀請孫姑娘今晚在家裡住下。孫姑娘欣然應允。她們坐在香爐前，一邊喝酒吃菜一邊聊天，一直喝到半夜才去睡覺。

**小知識**

1. 香席是一種以品香為主要目的的文化活動，在宋朝極為普遍。
2. 把多種單品香料按照配方調合成一種複合型香品的過程，稱為合香。魏晉南北朝時期的人使用單品香料比較普遍，到了宋朝，合香工藝已經十分流行。
3. 《焚香七要》中提到，焚香需要的工具包括：香爐、香盒、爐灰、香炭墼、隔火砂片、靈灰、匙箸等。合香、取香用香箸，平灰用香匙。

# 走進文藝男青年的精神世界

在參加李郎的派對之前，孫姑娘一直以為到場的只有她和李小娘子兩個女青年，為此她特地焚香沐浴，化了最精緻的妝容，以求能給李郎留個一眼萬年的絕佳印象。然而當天，當她和李小娘子抵達李郎的花園時，她吃了一驚：怎麼來了這麼多女生?!

李小娘子也有這樣的困惑，她找堂哥的書僮打聽了一番，恍然大悟，原來李郎這次邀請的男性朋友們大多是圈中出了名的優質男青年。有這麼多條件上乘的單身男性到場，妹子們在家閒著也是閒著，可不就找機會來圍觀了嘛。於是乎，A先生帶表姐，B先生帶表妹，就這麼一帶一的，文藝男青年的聚會瞬間變成了半個相親大會。

孫姑娘雖然經常在家舉辦派對，但她也是第一次參加男青年的派對，嚴格來說，是文藝男青年。她聽李小娘子說起過，李郎的朋友大多都是文人，他們的精神世界被寫詩、焚香、弈棋、撫琴等等給填滿了。尤其是焚香，對他們而言，是一種養德靜心、修身養性的存在。

花園的涼亭中，李郎的好朋友趙公子正在撫琴，他面前正放著一爐香。撫琴的時候，他都沒正眼看其他人，完全沉浸於自我陶醉中。孫姑娘瞄了一眼，內心獨白：這群文藝男青年居然比她們還會玩。這次回去她得好好反省一下了，需要找一些新花樣出來。派對女王不能輸！

孫姑娘正走神，李小娘子推了推她。她這才意識到，東道主李郎入場了。李郎一如既往的帥，今天他穿得很得體，比上次見面的時候更優雅了。可惜孫姑娘的腦子裡裝滿了各種聚會的新點子，男色已然對她失去了吸引力。

李郎和堂妹李小娘子一樣，是宋朝最典型的文藝青年，他不像孫姑娘那麼熱中搞派對，像今天這種場面也是他始料未及的，畢竟他的初衷只是想跟好哥們分享一下彼此新合的香而已。似乎，場面有些失控啊……

東道主一出場，沉醉撫琴的趙公子也就停止了。李郎迅速進入主題，讓朋友們

（宋）佚名〈深堂琴趣圖〉（局部）

加入今日的鬥香盛宴。是的，沒錯，他發出邀請的時候就說了，讓來參加的同學都帶上新合的香，互相品鑑品鑑。

第一個開始展示的就是李郎，他拿出了近日最珍愛的白瓷魚耳爐，開始一系列的焚香操作。

不久之後，香丸被炭火烘烤出溫度，發出了令人心醉的香味。A先生的表姐A姑娘耐不住寂寞，脆生生提問：「哎呀這個香味真好聞，不像普通的香丸，我怎麼感覺聞到了桂花的味道，彷彿秋天就要到了呢。」

「桂花」兩個字戳中了李郎，他很開心有人聞到了他這款香的精髓，笑著說：「這個香丸叫做『桂花沉』，是用桂花熏蒸水沉製成。」

A姑娘不懂合香知識，又發問：「這麼說來，我們用的香丸都是用多種香料調合成的？只聽說過古人是直接焚燒香料的。」

李郎耐心解釋：「現在我們用的香丸大多是用沉香、檀香等香料的粉末混入蜂蜜花果等，調製成香丸，隔火熏香。前人沒有掌握如今的合香工藝，直接焚燒香料的比較多。」

「直接燒多難聞啊，煙那麼大，好熏人的！」B姑娘忍不住抱怨。

李郎又解釋：「那是因為古人最初焚香的目的是祭祀，上通神明，需要煙火為介。」

「哦，這樣啊。」B姑娘似懂非懂，「那你們現在合香用的都是什麼香料啊？」

「沉香、檀香為主，另外還有龍涎、安息、蘇合、鬱金、零陵香等。」

「原來合香還有這麼深的學問，懂了懂了。我也想嘗試一下，以後我能參加你們的鬥香嗎？」

「非常歡迎。」

這一切，孫姑娘都看在眼裡。剛才A、B兩位姑娘問的那些問題太小兒科了！在他們這個年代，稍微有點常識的人都懂這些，也不知她們是故意出風頭還是真不懂，簡直太幼稚。

不過經過這事，孫姑娘有了新點子，下次聚會她不能只叫女生了，她要多找些男同學來參與，這樣才有樂趣。論舉辦活動，誰也別想把她比下去！

幾天後，李小娘子問孫姑娘參與這次文藝男青年的鬥香會有什麼感受。她本意是想揣摩一下孫姑娘對李郎的心思，看閨密是不是有機會成為自己未來的嫂子，誰知孫姑娘不經大腦地回答，她最大的收穫是解鎖了鹹魚生活的更多模式，敬請期待。

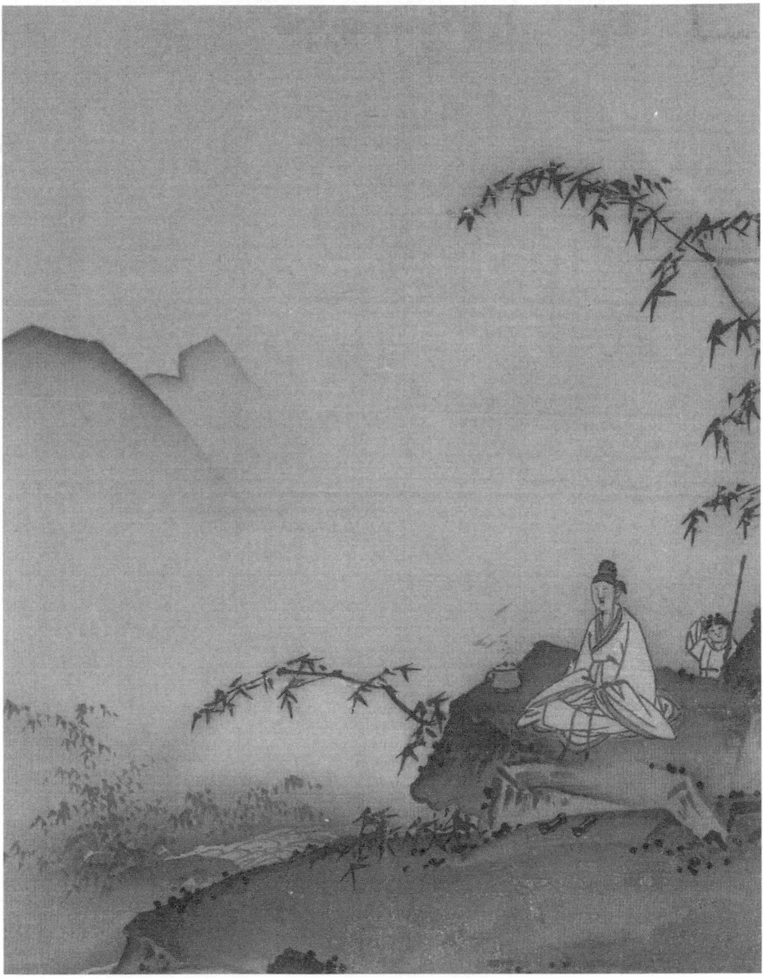

（南宋）馬遠〈竹澗焚香圖〉

## 小知識

1. 早在先秦時期中原就有焚香的傳統，那時的焚香用於祭祀和宗教活動。到了宋朝，焚香逐漸日常化，成為普遍的生活方式，受到文人墨客的喜愛。

2. 鬥香是宋朝文人鍾愛的娛樂方式，《清異錄．熏燎．鬥香》中有載：「中宗朝，宗紀韋武間，為雅會，各攜名香，比試優劣，名曰鬥香。」即一群人聚在一起，將自己的合香作品展示給大家，互相品鑑、評判。

3. 「花蒸香」是宋朝一種普遍的合香工藝，把香味濃郁的花和沉香片密封在容器裡，小火熏蒸，可讓沉香中充盈著花香。如用桂花和沉香一起熏蒸，即桂花沉。

# 夜市篇

李小娘子一直很注意保持身材，她從小就被爸媽教育，太胖了不僅不漂亮而且不健康。於是乎，晚上七點之後她基本上不進食，更別提宵夜是什麼滋味了。然而就在幾天前，她因為投壺輸給了孫姑娘，不得不答應她，今晚陪她去逛州橋夜市。

孫姑娘可沒有李小娘子那麼自律，晚上不吃點什麼她總覺得這一天是白過了。在這個夜市發達，黑夜也繁華得如同白晝的年頭，不吃宵夜都對不起歌舞昇平的歲月。再加上她是怎麼吃都不會胖的體質，讓身邊多少女同學羨慕嫉妒恨。

孫姑娘和李小娘子約了在龍津橋見面，她們計畫沿著龍津橋一直往北，逛到州橋再回家。

李小娘子很少走這麼遠的路，她特地挑了一雙最舒服的鞋子換上。臨出門前，她不忘吩咐婢女，馬車三更之前在州橋等她。她堂哥是州橋夜市的常客，他跟她提過好幾次，夜市差不多三更打烊。以她對孫姑娘的了解，這貪玩鬼不逛到最後一刻是捨不得回家的。

到了龍津橋，李小娘子一下馬車就看見了正在等候的孫姑娘。在她的朋友當中，論吃喝玩樂孫姑娘是當之無愧的第一。

孫姑娘一看見李小娘子，立刻招呼：「快點快點，我聽說朱雀門附近新開了一家店，賣的兔肉特別好吃，要排好長的隊呢，我們快去！」

不知是不是沒吃晚飯的緣故，李小娘子還真覺得有點餓，她提起了興致。

孫姑娘拉著李小娘子急匆匆往前走，進了朱雀門沒多時，果真看見一家店鋪門前排了好長的隊伍。這家店名叫鹿家店，賣的卻是雞鴨鵝兔之類，完全不見鹿肉，另外還有腰腎雜碎等等，價格倒是非常便宜，一份才十五文錢。

排了十幾分鐘隊伍，李小娘子站得腰都痠了，孫姑娘卻興致勃勃，一副吃不到不罷休的樣子。好不容易排到，孫姑娘要了兩份兔肉、一份雞肉、一份鱔魚，要不是李小娘子攔著，她甚至想每樣來一份。

雖然嘴上嫌棄，但吃了一口孫姑娘心心念念的兔肉，李小娘子覺得這隊伍沒白排——這些夜市攤子上的小吃，竟然一點都不比她在酒樓吃的大餐差。

逛了一會兒，兩人都有些累了。在李小娘子的堅持下，她們在巷子口的鋪子休息了片刻，一人要了一碗餛飩。這條巷子裡也有不少小吃鋪子，孫姑娘閒不住，等餛飩時間挨個逛了過去，買了辣腳子、薑辣蘿蔔、炸凍魚頭。她祖籍在洞庭一帶，嗜辣，每頓都得來幾個辣口的菜才過癮。她知道李小娘子口味偏清淡，於是又給她買了生淹水木瓜、荔枝膏、香糖果子、冰雪冷元子……

店家把餛飩端上來，李小娘子還沒來得及下筷子，就見孫姑娘和婢女拎了一大堆吃的走來，她當場就傻了，問：「妳買這麼多幹嘛，我們哪吃得了！」

「吃不完打包回去吃。」孫姑娘不以為然，「難得出來逛一次，當然要吃過癮啊。」

「好吧……那妳慢點吃，別撐著。」

「放心，我胃口好得很！」

孫姑娘剛坐下，只聽見有人大老遠喊李小娘子的名字。李小娘子扭頭一看，原來是她堂哥李郎，還有一位是上次在李家香席上撫琴的趙公子。

李小娘子打招呼：「好巧啊，你們怎麼也在這兒？」

李郎回答得理所當然：「我經常出來逛夜市，倒是妳，不是號稱從不吃宵夜的嗎？」

李小娘子語塞，不甘示弱：「我不是想吃，我只是出來見見世面。」

聽到這句話，趙公子笑了：「真想見世面的話，我們晚點去逛逛鬼市吧？」

兩位姑娘大驚失色。

李郎哈哈大笑，對趙公子說：「你別嚇唬她們，女孩子膽小。」他向李小娘子和孫姑娘解釋：「別怕，所謂的鬼市其實就是潘樓街東邊的夜市，只因為那兒一般都是五更開市，天亮散去，才被稱作『鬼市』。」

「原來是這樣，嚇死我了……」李小娘子拍著胸口。

孫姑娘又問：「為什麼要五更天才開市？」

「不可言說。哈哈，」趙公子賣了個關子，「妳們有興趣，去看看就知道了。」

李小娘子被勾起了好奇心，她和孫姑娘對視一眼，都覺得不是不可以。難得出來逛一次，去長長見識也好。

李郎和趙公子在她們對面坐下，各要了一碗餛飩，順便把孫姑娘買來的小吃掃蕩一空。孫姑娘內心著急：我還想打包回去吃的呢，嗚嗚嗚……

幸好，兩位男士的情商都挺高的，沒打算吃白食。離開餛飩鋪，他們一路邊走邊買了不少小吃，全部包好了讓婢女們拎著，給二位姑娘拿回家。

一行人沿著主街道繼續閒逛，路過王樓的時候，他們看見那邊的鋪子也排起了長隊。孫姑娘喜歡看熱鬧，她擠上前一看，原來是一家賣野味的鋪子。這家店在汴京小有名氣，她之前就聽說過，店裡的招牌特色是獾子肉、野狐狸肉等等。

「這家店的野味還挺有名的，你們有興趣來點嗎？」李郎問。

李小娘子不屑：「不吃野味，不衛生，吃多了容易得病。」

眾人：「……」

被兜頭潑了一盆冷水，大家都意興闌珊離開了野味鋪子。

不知不覺，他們已經走到了州橋，這條夜市街也就到頭了。李郎算了下時間，眼下還不到三更。既然大家決定一起去鬼市看看，那還得去找個地方打發時間，五更再去。他提議，要不就去樊樓歇會兒，再吃點東西。

「又吃啊？」李小娘子和孫姑娘異口同聲，很為難。她們是真吃不下了，一晚上嘴巴基本上沒停過。

趙公子見她們好像不太想吃東西，問：「要不去瓦舍看戲？」

「這個主意不錯，我們還是去瓦子吧，找個勾欄坐坐。」

「近來汴京城裡流行很多新的戲曲，兩位妹子不怎麼出來逛夜市，可能不太了解，我給妳們介紹一下。」趙公子說，「比較常見的有說書、歌舞表演、雜劇。如果妳們想看特別一點的呢，有相撲、皮影戲、傀儡戲、雜技……怎麼樣，對哪個感興趣？」

李小娘子有選擇障礙：「有這麼多選項？這些演出現在都能看？」

「都能。」

孫姑娘搶答：「我聽說汴京城裡最有名的是丁現仙和張七聖的表演，我想去看。」

「妹子，妳想多了……」趙公子很為難，「丁現仙和張七聖可都是大明星，每次他們演出，瓦舍門庭若市，門票可不是說買就能買到的，得提前預約。要不，咱們還是換一個吧。」

「行吧，那就去中瓦子看相撲表演吧。」

孫姑娘輕飄飄的一句話，李郎和趙公子一口茶都差點噴了，沒想到這妹子看上去溫溫柔柔的，愛好倒是挺特別。李小娘子見怪不怪，她已經不是第一次陪孫姑娘看相撲表演了。是的，不要懷疑，宋朝是有相撲的！並且還有女子相撲。

大家商量好之後，去了中瓦子的牡丹棚勾欄，買票入座。

精采的相撲表演很快就開始了，李小娘子和孫姑娘看得熱血沸騰，這比她們在家喝茶可有趣多了。可惜她們在家被爸媽看得緊，不能天天出來這麼嗨。李小娘子暗暗地想，以後可以抱緊堂哥的大腿，讓他帶著出來玩，多見見世面。

除了各類演出，瓦舍裡還有不少賣吃食和算卦的人走來走去，四處招攬生意。李小娘子正好奇想想算卦，又陸陸續續見另一群做生意的人出沒，有唱曲的，理髮的，賣藥的，應有盡有，服務十分周到。孫姑娘按捺不住，掏錢算了一卦。算命的對孫姑娘說，卦象顯示她命格好，是富貴相。孫姑娘一高興，大手一揮，打賞了算命的不少銀子。

李小娘子連連搖頭，心想閨密的錢可真好賺，下次可得攔著她點。

看完了相撲，他們又看了一場雜劇、一場戲曲。節目結束，五更天也就到了。

孫姑娘看到時間了，非常興奮。她好奇心爆表，對任何新鮮的事情都勇於嘗

（北宋）張擇端〈清明上河圖〉（局部）

試，所以當她抵達鬼市的時候，甚至忍不住想去參與一番，關鍵時刻卻被李小娘子生生拉住了。

李小娘子親眼見到鬼市的熱鬧場面，總算明白這裡為什麼要叫鬼市了。因為這裡的人從事的都是不能上檯面的交易，除了孫姑娘剛才想嘗試的奇怪的賭局，還有一些說不出來路的古玩字畫售賣，據說是全國各地搜羅來的贓物。唔……是個神奇的地方，倒是有點意思。

李小娘子對孫姑娘說：「妳要是想賭錢，下次我陪妳去賭坊吧，這兒就算了，看著怪怪的。」

「好吧。那妳可要說話算話。」

「我說話一向算話。」

又逛了一會兒，兩位姑娘哈欠連天。生理時鐘提醒她們，再不睡覺明天黑眼圈就要覆蓋整張臉了。孫姑娘先提出的告辭，她跟家裡報備的是逛完夜市就回家，現在天都快亮了……

李郎和趙公子不放心兩個姑娘獨自回去，主動提出，挨個送她們到家門口。他們都有馬車隨行，送人很方便。

回去的路上，李郎提議：「妳們要是喜歡逛夜市，下次我們去馬行街吧，那兒比州橋夜市還熱鬧。」

「好啊好啊。」孫姑娘的興致又被勾了起來，瞬間沒了睡意。她早就聽聞馬行街夜市的繁華，可惜一直沒機會去。

李小娘子說：「今天吃得太撐了，沒去成樊樓有些可惜，下次我們可以約去樊樓吃宵夜。」

話剛說完，她才意識到今晚自己破例吃了好多。她悄悄摸了下自己的肚子，心都快碎了，這一頓至少吃胖了兩斤。不行，她得趕緊約大家出門運動運動，把多出來的肉都減下去。精緻女生怎麼可以允許自己發胖！

在李小娘子的號召下，他們約定後天下午去打馬球。

## 小知識

1. 唐朝時期，長安城的坊和市是分開的，夜晚實行非常嚴格的宵禁制度，朝廷安排專門的管理人員「執金吾」以鼓聲通知城中百姓宵禁開始，第二天一早鐘樓的鐘聲響起，代表宵禁結束，只有每年的上元節，百姓可以舉行夜間活動。到了宋朝，宵禁制度已經完全取消。不僅如此，宋朝可以說是歷朝歷代中夜生活最豐富的時期。
2. 州橋夜市是北宋年間汴京的著名夜市，每夜燈火通明，營業到三更。《東京夢華錄》中提到，「出朱雀門，直至龍津橋」就是著名的夜市一條街。辣腳子、薑辣蘿蔔、炸凍魚頭、香糖果子等都是夜市上有名的小吃。此外，汴京城中還有更繁華的馬行街夜市。
3. 據《東京夢華錄》記載，潘樓街往東的市集每夜五更天開門，交易大多是賭博和銷贓之類，天剛亮就散去，因此被稱為「鬼市子」。
4. 瓦舍是宋代城市中的大型娛樂演出場所，也叫瓦子、瓦市、瓦肆，瓦舍裡設置的演出場所稱勾欄。「勾欄瓦舍」的出現是中國戲曲的一個重要文化現象。
5. 樊樓是北宋汴京城中最有名的酒樓。

# 馬球篇

一場突如其來的大雨打亂了李小娘子的馬球計畫，而且這雨一下就是三、四天，好不容易停了，又連著陰了好幾天。李小娘子無聊透頂，她不得不靜下心來，在家跟著她媽繡了三天花，學做香囊。她媽說，做香囊是每個女孩的必備技能，現在給父母長輩做，以後給男朋友做，再以後給孩子做……

被母上大人耳提面命了幾天，李小娘子耳朵都快生繭了，日夜祈禱雨趕緊停，太陽趕緊出來，她好出門放飛自我。終於，這一天要來了！

這次馬球會是孫姑娘舉辦的。那日在州橋夜市，李小娘子一提出打馬球的建議，孫姑娘就開開心心地把活兒攬了過去，張羅活動這種事，沒人比她更擅長。她出生在官宦家庭，從小跟著家裡的哥哥們學馬球，水準說不上有多高，但在女孩子中算是很上得了檯面的。

以往的馬球會，孫姑娘基本上只張羅自己的姐妹淘們。可自從那次在李郎家參加了香席，她打開了新世界的大門。她決定多叫些男同學一起玩樂，這樣比較有意思。這一次的馬球會，除了她私人派對上的常客，還有她兩位哥哥，以及她哥哥的朋友們。當然，李郎和趙公子也在受邀之列。有了一起逛「鬼市」的經歷，他們的友情增進了不少。

李小娘子日盼夜盼，在放晴之後的幾日，她收到了孫姑娘差人送來的帖子：哈尼，帶上妳最美的裝備，明天上午西山馬球場見。

看完信，李小娘子心花怒放。最近這一陣陰雨天，她在家都快發霉了，可不需要一場揮灑汗水的運動去去霉氣嗎？她興沖沖地讓婢女把她最心愛的裝備找出來，曬曬太陽，備著明天用。

很快，婢女就把衣服找出來了。那是一套橙黃色的錦緞團花馬球服，圖案是當下流行款式，腰帶鑲嵌著玉石裝飾，配了同色系的頭巾，還有一雙牛皮小靴子，簡直是英姿颯爽。穿上這身馬球服，她就是明天球場上最酷的女生。這麼想想，李小娘子更加期待明天的活動了。

在李小娘子的心心念念下，美好的一天開始了。

一大早，孫姑娘的馬車停在了李小娘子家門口。她本來約了李小娘子直接在球場見的，但是她的哥哥們半小時前就出發去了球場，她馬車上空得很，就順道來接

（北宋）李公麟〈明皇擊球圖卷〉（局部）

李小娘子，路上還能作個伴，聊聊八卦。從汴京城到西山球場，說遠不遠說近不近，一個人坐車太寂寞了。

孫姑娘穿了身緋紅的馬球服，造型和李小娘子的差不多，這是她們去年一起去服裝店訂做的姐妹款。

馬車搖搖晃晃，李小娘子看了一眼窗外，問孫姑娘：「城裡不是有馬球場嗎？為什麼要去西山那麼遠？」

「城裡的馬球場不夠大，而且風景沒有山裡好。反正在家也是閒著，順便出門賞賞風景也挺好。」

李小娘子想了想，覺得很有道理。

馬車一路前行，她們抵達西山球場的時候，大多數男士已經到了。大家都換上了專業的衣服，躍躍欲試，有的人甚至開始跑馬熱身了。

不過眼前的場景有點出乎孫姑娘的意料，除了她邀請的妹子們，球場赫然多了不少女子，包括之前在李郎的花園裡見到的ＡＢＣ幾位姑娘。她跑去問她哥，她哥含含糊糊，但是她大概聽明白了。跟上次一樣，那些妹子根本不是來打馬球的，而是來看男子打馬球的……

「怪不得穿得那麼花枝招展。」孫姑娘壓低聲音。

李小娘子順著她的眼神一看，還真是。相比她們一身騎裝，那些來看熱鬧的妹子穿得真是又隆重又鮮豔，她們心裡想些什麼，昭然若揭。

「厲害了，這麼一對比，我們簡直不是女人。」

「就這樣吧，比不了比不了。」

兩人嘀嘀咕咕，相視而笑。遠處走來的同伴們看見她們，呼喚她們趕緊加入熱身，準備比賽。

第一場比賽的裁判是李郎，規則也根據他說的來。參加比賽的隊員們四人一組，兩男兩女，進球一次插一桿旗，旗先插滿的隊伍獲勝。

李小娘子和孫姑娘，還有孫姑娘的兩個哥哥一組，孫姑娘領隊，另一組則是趙公子領隊。

李郎宣布比賽開始，鼓聲一響，參賽的所有人策馬奔跑起來。被關在家這麼多天，李小娘子像隻剛出籠子的鳥，打得特別起勁，沒幾分鐘就連進了兩球。孫姑娘不甘示弱，很快也配合她哥進了一球。她們騎馬奔跑著，就連出汗也是一件極快樂的事。

第一局結束，孫姑娘這隊以絕對的優勢贏了比賽。

李小娘子覺著有些累了，申請下一場作裁判，她好休息休息。孫姑娘也跟著下場歇息去了。於是，第二局就是李郎和趙公子之間的較量了。這兩位男士都有不少女粉絲，他們才一上場，鼓聲還沒響，現場就歡呼聲一片了。

「看不下去了，男性荷爾蒙就是不一樣。」孫姑娘感嘆，「走吧，我們吃水果去。」

兩位姑娘手拉手找吃的去了。

今天的比賽比她們想像中的都要熱烈，馬球賽進行了十幾局，大家好像還是意猶未盡。可惜時間不早了，中午的太陽太烈，會曬傷皮膚，他們只得提前結束，各回各家。

回程的馬車上，李小娘子忍不住誇孫姑娘：「妳的馬球水準越來越高了，什麼時候背著我偷偷練的？」

「沒偷練，興趣愛好而已。」孫姑娘很驕傲，「只可惜我的朋友中，馬球打得好的女生太少了，妳算是很不錯的。」

「好好說話，不許影射我。」

孫姑娘哈哈大笑。想了想，又說：「很羨慕唐朝人啊，馬球在那時候是主流運動，書生會玩，婦女兒童會玩，連皇帝也會玩。」

「的確，玄宗就曾擊敗過吐蕃的馬球隊，穆宗和僖宗也是馬球健將呢。」李小娘子深以為然。她喜歡讀史書，唐朝的馬球文化她非常了解。

「沒事，咱們以後有空也多出來玩。我看那個趙公子打得就很好，下次叫他一起。」

李小娘子打趣她：「妳究竟是想叫趙公子，還是想叫我堂哥？」

孫姑娘臉一紅，撲過去打她，兩個人笑成一團。這個時候，李小娘子身上的香囊掉了出來，孫姑娘眼前一亮，「哇，真好看，這是妳做的？」

說到這個，李小娘子開始抱怨，把她前幾天在家被母上大人逼著做香囊的苦水全倒了出來。孫姑娘很奇怪：「妳不是文藝女青年嗎？繡花做香囊這種事我以為妳會喜歡呢。」

「太麻煩，還不如打馬球呢。」

「可是妳繡得很好啊，改天教教我？」

「沒問題。不過妳學這個幹嘛，要送給誰？」

「反正不是送給妳。」

「哈哈哈哈哈。」李小娘子大笑。雖然她討厭繡花，但是為了好閨密，她決定勉為其難，找一天時間把她從她媽那兒學來的皮毛傳授給孫姑娘。

兩人聊著聊著，車已經進汴京城了。城內人來人往，充滿了生氣。乍一看這樣的生活畫卷，李小娘子發自內心覺得，她很熱愛自己生活的這個時代。

## 小知識

1. 漢朝末年，馬球就已經小範圍流行了，參與這項活動的多為上層貴族。
2. 馬球在唐朝的地位很高，可以說是風靡一時，連婦女都十分喜愛。唐朝有好幾位皇帝都是馬球迷。據記載，唐玄宗李隆基是位馬球高手。陝西出土的唐章懷太子墓壁畫，就有專門描繪打馬球場景的。
3. 宋太宗曾經下令制定詳細的馬球賽規則；宋徽宗組建過一支宮廷女子馬球隊，由他親自訓練，隊長就是他的妃子。
4. 根據出土的宋代馬球雕磚，當時打馬球要穿專業球服，服飾接近於遊牧民族的騎裝；馬球桿是特製的，造型類似現在的曲棍球球桿。
5. 《東京夢華錄》記載：瓊林苑宴殿「南面有橫街，牙道柳徑，乃都人擊毬之所」。也就是說，宋朝時期汴京城內就有專門的馬球場。

# 香囊篇

李小娘子的母親李夫人今天很開心，她一早起來就聽婢女說，李小娘子邀請孫姑娘下午來家裡做香囊。對李夫人來說，這簡直是個天大的好消息，她以為自己的教導總算起作用了，欣慰至極。

這麼多年來，李夫人沒少教育李小娘子：女紅是女孩們必備的技能，無論喜不喜歡，必須得學！她不要求女兒能繡精緻的衣裙，但好歹得學會繡個帕子香囊什麼的。只可惜，李小娘子從小就不愛折騰這些，寫詩作詞倒是有一套。鑑於李小娘子十幾歲就已經是遠近聞名的才女，給家裡爭了不少光，李夫人也就睜一隻眼閉一隻眼了。

心情一好，李夫人樂呵呵地讓婢女把她最好的料子都送去了李小娘子的房間，任其挑選。

李小娘子突然收到老媽差人送來的一大堆布料，差點理解錯誤，以為是什麼重要的節日要到了——她媽只有在逢年過節才會送料子來給她做衣服。婢女說這些布料只是提供給她做香囊用，李小娘子意興闌珊，但是不要白不要，老媽肯給，她就照單全收了。

午飯後，孫姑娘準時到了，她從樊樓打包了一些糕點，準備幹活的空檔來個下午茶。李小娘子把她迎進屋，先是吐槽了她老媽聽說她們要做香囊，送了一大堆料子的事。

孫姑娘聽了，很開心：「在哪兒呢？我看看，先選幾款好看的。」

李小娘子讓婢女呈上來，對孫姑娘說：「妳隨便選，做香囊用不了多少，剩下的拿回去做幾件好看的衣服，我們下次穿著一起去泛舟。」

「好主意！」

孫姑娘選了三塊做香囊的料子，兩塊純色緞用以繡花，一塊孔雀綠花紋錦緞直接縫製。李小娘子也選了幾塊，選完她讓婢女裁成塊狀，給她們準備好。

婢女裁料子的同時，李小娘子拿了本工具書遞給孫姑娘，「這上面都是香囊的各種形狀，妳選一個簡單些的，我們先縫一個試試。」

孫姑娘隨意翻了翻，只見書上畫的圖案各種各樣，都非常好看。有雞心形、腰子形、圓形、葫蘆形、桃形等等。她指著雞心形的問李小娘子：「這個難做嗎？」

「不難，我初學做的就是這個。」

「那就它了。」

不一會兒，婢女拿著裁好的緞子回來了。除了布料，她還拿了兩個籐編小筐，其中一個小筐裡放著各種顏色的絲線和瑪瑙琉璃珠子，那是李太太特地吩咐她去買來給兩位姑娘做香囊穗子的。另一個籐筐中放了大大小小的束口袋，裡面裝了不同的香料。

宋朝女生大多有做針線活的基礎，李小娘子手把手教了孫姑娘一小會兒，她就已經能自主縫製了。她用孔雀綠花紋錦緞縫了雞心香囊的雛形，下一步是往裡面裝香料。

香囊所用的香料種類很多，如白芷、肉桂、艾草、藿香、山奈、薄荷、丁香、冰片、香茅、乳香、沒藥、龍腦、豆蔻、辛夷、菖蒲、零陵香等。至於如何配比，看個人喜好。對女孩子來說，縫香囊並不算難，難的是怎樣配置出最獨特的香味，佩戴在身上能與眾不同。尤其是像孫姑娘這種懷著春心，縫香囊是為了送心上人的。

李小娘子拿了早就準備好的香譜給孫姑娘選。孫姑娘猶豫再三，選了一個梅花香型的，香方配料為：丁香一兩，藿香一兩，甘松一兩，檀香一兩，丁皮半兩，牡丹皮半兩，零陵香二兩，辛夷一分，龍腦一錢。

婢女拿來的香料很齊全，孫姑娘按照香方挑出她需要的，用小藥碾子碾成細末，取了適量細末放入小布袋中縫合，香囊的芯就做成了。她把這個香料袋子裝進了半成品香囊中，做了最後的縫合。由於她平時在老媽的監督下做過一些女紅，針線活對她來說不算難事，針腳甚至比李小娘子還要好。

李小娘子看著孫姑娘這行雲流水的縫合動作，不由得感嘆：「還說讓我教妳呢，妳針線活比我好多了，妳教我還差不多。我媽要是看到又該吐槽我不像個女人了。」

這一誇獎對孫姑娘很受用。孫姑娘性格外向，活潑好動，除了張羅朋友們來家裡聚會，就喜歡吃喝玩樂，比如打馬球、投壺、雙陸。為此，她媽對她的評價是：這麼游手好閒，怕是很難嫁出去啊……乍一聽李小娘子說自己女紅做得好，她的自信又找回來了。

孫姑娘做的香囊是繫帶的，口子可以打開，隨時更換裡面的香料。縫好繫帶之後，最後一步是做穗子。

李小娘子把一筐子絲線推到她面前，「妳選一個，做個和香囊顏色相稱的穗子。」

「孔雀綠的配什麼好看？」

「只要不是紅色就行。」李小娘子挑了挑，拿了一撮雀藍色的絲線遞給她，

孫姑娘接過絲線，跟香囊做了個對比，覺得很好看，「不錯，那就這個顏色了。」

「這個怎樣？」

她在李小娘子的指導下縫了個約四寸長的穗子，又在上面串了顆黃色的琉璃珠，繫在了香囊上。至此，孫姑娘的第一個作品，孔雀綠雞心香囊完成了。

看著手上的成品，孫姑娘很有成就感，她立刻說出豪言壯語，今天下午要再做一個繡花香囊！然而連她自己都不會想到，她很快就要被啪啪打臉。

李小娘子有兩本厚厚的繡花參考圖冊，孫姑娘翻了半天，找了一幅看似沒什麼難度的鵲上枝頭圖。她認認真真繡了一個多時辰，李夫人恰好來給姑娘們送茶點，

一進門就誇了句：「呀，這鴨子繡得真好看！」

孫姑娘欲哭無淚，這不是鴨子，明明是喜鵲啊……萬萬沒想到，一年多沒碰針線，她繡花的那點技能全部還給她媽了。

為了維護閨密的面子，李小娘子憋著笑，沒在她媽面前戳破，還跟著點頭誇讚：「嗯，是挺好看的，哈哈哈。」

李夫人讓婢女放下茶點，招呼她們休息：「先歇會兒吧，吃些點心，繡了半天妳們也累了。」

茶點是李夫人親手做的，比起孫姑娘從樊樓打包來的，一點都不差。三人坐在桌前一邊吃一邊聊天，孫姑娘心不在焉，惦記著被她繡成鴨子的喜鵲該怎麼補救。這可是要送心上人的，這樣送出去多丟人啊！不行不行，她得重新繡一個，愛情可以沒有，面子不能丟！

吃完點心，李夫人拿出兩個錦盒，給了李小娘子和孫姑娘一人一個，「送給妳們的禮物，看看喜不喜歡。」

孫姑娘打開錦盒，哇了一聲——錦盒中放了個鎏金雙蝶穿花紋鏤空銀香球。香球裡面顯然是放了香料的，一開錦盒她就聞到了龍涎香的味道。

「真好看！」李小娘子興奮地叫出聲來。她的錦盒裡裝的也是鎏金銀香球，只不過圖案和孫姑娘的不太一樣。

李夫人見她們喜歡，也很高興，「這是我年前在工匠那裡訂製的，妳們最近這麼懂事，都知道主動做女紅了，就當是獎勵吧。」

也難怪她們這麼興奮，李夫人送的這種鎏金香球是香囊中的絕佳工藝品，不僅做工精美，設計也很巧妙。打開香球，中間是一個用來盛放香料的小盂。這其中有個小機關，無論怎麼搖晃香球，小盂會一直保持在水平狀態，香料也不會撒出來。

這種鎏金香球工藝十分複雜，價格昂貴，李太太卻一送就是兩個，可見她今天心情的確非常好。李小娘子決定，以後一定乖乖聽媽媽的話，沒準她心情一好，又會賞些好東西。

兩位姑娘拿著香球，愛不釋手。

李小娘子小心翼翼將香球打開，只見裡面放了一粒珍珠大小的香丸。她湊近聞了聞，香味很熟悉。她猜到了，那是上次堂哥送來的香丸。李太太告訴她們，這個香球不僅可以放香丸，也可以把香料直接放在小盂中焚燒。

直到李太太離開許久，李小娘子和孫姑娘還沉浸在美孜孜的心情中，完全把繡花的事拋到九霄雲外去了。繡花算什麼，繡花的香囊跟鎏金香球一比差遠了！

## 小知識

1. 屈原《離騷》中提到，自戰國時期古人就有佩戴香囊的習慣。久而久之，佩香囊已經成為古人的傳統。
2. 女紅是古代閨中女子必備技能，心靈手巧的姑娘們喜歡繡香囊送給心上人，藉此表達愛慕之情。
3. 鎏金鏤空銀香球是香囊的一種，其使用了陀螺儀原理，無論怎麼晃動香球，裡面的香料會始終保持水平狀態，不會撒出。因其工藝複雜，造價不菲，一般只有宮中女子和貴族婦女才會使用。
4. 宋朝以前，人們製作香囊大多直接放入香料。宋朝焚香文化盛行，合香逐漸成為時尚，宋人會把香料細末做成香丸或香餅放入香囊中。

# 酒樓篇

端午節前夕，李小娘子收到了堂哥的邀請，約她和孫姑娘去樊樓吃宵夜。李小娘子詫異，心想堂哥怎麼會突然邀請她去酒樓吃飯，而且吃的還是宵夜！眾所周知，她比怕死還怕胖，如果沒有特殊情況，是絕對不會吃宵夜的。

婢女提醒李小娘子：「姑娘妳忘了嗎？那天晚上妳和孫家姑娘逛夜市，說沒有吃到樊樓的宵夜太可惜。」

李小娘子恍然大悟，是有這麼回事。她就順口一提，沒想到李郎居然放在了心上。真是國民好哥哥！她趕緊寫了個帖子，讓婢女找人給孫姑娘送去。孫姑娘知道這個好消息一定很高興，她的香囊繡了那麼久，至今沒機會送出去。這不，機會馬上來了！

自那日在李小娘子家學做香囊，孫姑娘已經繡花繡失敗七、八次了。她很執著，就是不肯換一幅簡單的圖案，說是哪裡跌倒就從哪裡爬起來。也算功夫不負有心人，前幾天李小娘子去孫姑娘家玩她新養的貓，看見了她最新的香囊成品——她終於成功了，繡著鵲上枝頭圖的香囊。

如李小娘子所料，孫姑娘拿著信，激動得轉圈圈。她惦記吃樊樓的宵夜很久很久了，總算有機會出去玩了。至於送香囊什麼的，她完全沒想起來。香囊算什麼，愛情算什麼，此時此刻吃最重要好嗎？

到了約定的那一天，孫姑娘打扮得漂漂亮亮出門了。馬車駛過巷子，到了潘樓街，眼前豁然開朗，彷彿在那一瞬間燈火全亮了。如此繁華，沒有一丁點黑夜該有的樣子。

這一帶是汴京最有名的商業區，酒樓、商舖幾乎通宵達旦營業。尤其是汴河兩岸的酒樓，珍饈滿目，夜夜笙歌。孫姑娘聽她哥提過，汴京城中的酒樓都會在門口搭建起高大華麗的門樓，裡面的窗戶設有紅綠裝飾，門前還有各種綵燈。晚上燈火一亮，整條街人群來往，熙熙攘攘，熱鬧非凡。

孫姑娘是個非主流宋朝女孩，活躍派加享受派，吃喝玩樂樣樣精通。即便如此，她也不會經常在夜晚出門。難得出來見識一番，她做好了萬全的準備，連晚飯都沒吃，她得留著肚子吃樊樓的大餐。

孫姑娘抵達樊樓的時候，在大門口碰見了剛下馬車的李小娘子，她化了個比平時複雜些的妝，顯得很莊重。女孩們心裡想的都是一樣的，既然決定出門，那還是得好好收拾一下自己。

「晚安。」李小娘子興致勃勃和孫姑娘打招呼。她想起香囊的事，湊上前，輕聲耳語了兩句。

孫姑娘一愣，後知後覺想起還有香囊這麼回事，不知道該怎麼接話。

「妳不會沒帶吧？」李小娘子一看她的表情，猜到了七八分。

孫姑娘點點頭。

李小娘子嘆氣：「算了，怪我沒提醒妳。我們先上樓吧，下次找機會再把香囊送出去。」

兩人一起進了酒樓大門。她們的正前方是一個很大的廊廳，頭頂雕梁畫棟，精美而威嚴。小二看見她們，趕緊迎了上來：「兩位姑娘來吃飯的嗎？需不需要我給妳們介紹一下我們酒樓的特色呀。」

李小娘子開門見山：「不用，我們約了人。李郎在哪個包廂？」

先前李郎叮囑過小二，他一聽就明白了，帶著兩位女士往南邊的包廂走。

樊樓占地面積大，除了眼前的主樓，還有四棟大樓，樓與樓之間都建了裝著護

（北宋）張擇端〈清明上河圖〉（局部）

欄的淩空飛橋，相互連通，氣派非凡。孫姑娘以前來樊樓吃過幾次飯，李小娘子卻是第一次來，她看花了眼，嘖嘖稱奇。

李郎和趙公子是十分鐘前到的，他們正在看菜單。見兩位女士進門，李郎讓小二先給她們上茶，潤潤嗓子。他問李小娘子：「妹妹，想吃點什麼？妳來點菜吧。」

「我第一次來，不知道這裡什麼菜好吃，」李小娘子轉頭對孫姑娘說，「還是妳來點吧。」

孫姑娘沒推辭，點了一份盤兔和一份三脆羹。不過她挑花了眼，實在不知道該點什麼了，就把菜單給了李郎，今晚是李郎請客，還是他來點比較好。李郎簡單掃了一眼菜單，加了幾個菜：玉棋子、紫蘇魚、荔枝腰子、炒蟹。

「夠了吧，不用再加菜了。」眼看李郎點菜點嗨了，李小娘子趕緊制止他。他們才四個人，哪裡吃得了那麼多！

李郎笑著說：「這些都是樊樓的特色菜。妳難得出來吃宵夜，得讓妳都嚐嚐。」

李小娘子毫不客氣：「你放心，以後有的是機會，我肯定會纏著你請客的。」

聽李小娘子這麼說，趙公子說：「我表哥家的酒樓就在附近，叫太平樓。雖然比不上樊樓有名，但也是汴京城數一數二的酒樓。下次我請大家去太平樓吃飯吧。」

「好啊好啊，求之不得！」

上菜之前，大家閒聊了會兒。李小娘子感嘆於汴京酒樓強大的包容性，她剛才進門就看見很多非茶飯量酒博士也在這裡討生活。比如，一些腰間纏著青花布手巾的婦女會進來幫客人們斟酒、換湯；附近街坊的漢子會去客人們桌前作揖打招呼，問有沒有活派給他們做；還有一些進來唱曲的，送水果換賞錢的……

趙先生表示贊同：「是的，這在汴京酒樓中很常見，各取所需。」

「汴京城中有多少酒樓？」

「規模大的有七十二家，其中最有名的就是這樊樓。規模小的不勝枚舉，四處都能見到。至於再小點的酒肉舖子，那就更不用說了，星羅棋布。」

孫姑娘道：「聽我哥說，這樊樓高聳入雲，站在西樓頂層能看到皇宮的御花園。」

「是的，所以西樓頂層早就被封了。皇宮內景怎麼能輕易讓百姓窺伺。」

「可惜了，好想看看皇宮是什麼樣。」

聊了沒多久，小二端著菜進來了。

包廂門一打開，食物的香味撲鼻而來。孫姑娘早就等不及了，又怕不端莊，強忍著沒第一個動筷子。菜上齊後，她見其他人都去拿筷子，這才動手。

樊樓常客趙公子給大家簡單介紹了一下眼前的菜，他個人最推薦紫蘇魚。李小娘子嘗了一口紫蘇魚，果然美味可口！

「不愧是樊樓，上菜速度就是不一樣啊。」孫姑娘誇讚，「今天樓裡這麼多客人吃飯，我以為會等很久呢。」

李郎說：「汴京城裡的大酒樓，後廚都是有精細分工的，所以上菜快。」

「怎麼分工？」

「應該和你們家差不多，分『四司六局』。」

「什麼是『四司六局』？」

「妳居然不知道？」這個問題是李小娘子問的，因為連她都知道「四司六局」。孫姑娘出身官宦世家，理應十分清楚才是。

她耐心給孫姑娘解釋了一遍。時下官府貴家都分「四司六局」，四司指帳設司、庖廚司、茶酒司、台盤司，六局指果子局、蜜煎局、菜蔬局、油燭局、香藥局、排辦局。汴京城中各大酒樓的後廚基本上也是這麼分工的。

孫姑娘消化了很久，她好像是聽她媽提過幾次，說家裡的香藥局、茶酒司什麼的。不過這事她覺得跟她沒什麼關係，沒怎麼上心。這也應了李小娘子常吐槽她的一句：除了吃喝玩樂，其他什麼都不關心。

沒多久，桌上的菜被消滅了大半。趙公子很貼心地問兩位姑娘：「這個時間點，州橋夜市和馬行街夜市都開始營業了，妳們有沒有什麼想吃的小吃，可以讓門外那群跑腿的閒漢去買回來。」

李小娘子搖頭，「不用了，這些菜都吃不完呢。剛才上菜的小二還說了，他們這兒還有飯後水果送哦。」

又吃了半晌，飯後水果和甜點如約而至。李小娘子摸著小腹，痛並快樂著。又是罪孽的一天啊，她得運動多久才能消耗這頓飯！

## 小知識

1. 宋朝經濟繁榮，飲酒文化盛行，大型酒樓開始出現。汴京城內大型酒樓有七十二家，被稱為「正店」，小型酒樓數不清，其餘售賣酒類的舖子稱作「腳店」。

2. 汴京城的酒樓不僅僅提供餐飲，還有豐富的娛樂服務，如歌舞表演、吹拉彈唱等。營業時間通宵達旦，風雨無阻。

3. 酒樓文化的發展也帶動了周邊服務，除了正規的茶飯量酒博士，還有很多外來人員在這裡找活幹，如文中提到的給客人斟酒的婦女、跑腿的閒漢，還有兜售水果的小販等等。

4. 宋朝酒樓的廚事分工已經十分精細，酒樓服務的完善也促進了專門幫大戶人家操辦宴席的「四司六局」的誕生，他們上門服務，業務嫻熟，僱用他們的人家只需出錢就行。而權貴世家自己家中就設有「四司六局」。

# 端午篇

# 節日前的大採購

明天就是一年一度的端午節了，李小娘子一早被她媽叫了起來，她們準備去大相國寺燒香祈福，順便逛逛街，採購一批節日用品。因為要去寺廟，母女倆穿得比平時素雅很多，她們選擇坐馬車出行。

在宋朝，端午是個很盛大的節日。宋人不只過五月初五這一天，從初一開始，大街小巷就沉浸在濃郁的節日氣氛中了。到了初五，這種氣氛會到達一個頂點。

李小娘子在馬車裡就聽到了街上的叫賣聲。她掀起窗簾一看，只見路邊擺攤的小販是平時的幾倍不止。有桃枝、柳枝、葵花、蒲葉、佛道艾等。賣飲食小吃的也很多，除了常見的香糖果子，還有粽子、白欓、紫蘇、菖蒲、銀樣鼓兒花。

李小娘子放下簾子，問李夫人：「今年我們買粽子回去嗎？還是自己包？」

李夫人想了想：「還是自己家包吧，我通知一下廚司，讓他們多準備點，給親朋好友家也送些去。」

「需要我幫忙嗎？我會包好幾種粽子哦，筒粽、九子粽、角粽、錐粽，我都會。」

「妳什麼時候學的？」

「去年在孫姑娘家，看他們包，我就學會了。」

「算了，妳別湊這個熱鬧了，還得準備明天的蘭湯浴呢。」

「也對，蘭湯浴比較重要。」李小娘子已經暗暗期待明天沐浴蘭湯之後穿漂亮的新衣服了。

聊了沒多久，馬車到了大相國寺門口。逢年過節，大相國寺總是門庭若市，李小娘子見怪不怪了。大家都是來燒香祈福的，農曆五月是「惡月」，因此寺廟的人會更多。他們都希望能求得寺廟的護身符，讓這一年平平安安過去。

李小娘子李夫人慢慢上了台階，隨著人流往寺廟裡面走去。她們拾級而上，遠遠地就聞見了濃郁的香火氣。

在人群中，李小娘子看見了兩個熟悉的面孔，是孫姑娘和她媽。

孫姑娘也看見了李小娘子，朝她拚命揮手，「好巧啊，妳們也來燒香啦！」

「是啊，端午前的壓軸節目，當然得燒香祈福。」

「蘭湯浴的藥材妳買了嗎？」

「還沒有，燒完香去逛街買。」

「我也沒買，要不我們一起？」

「好啊！」

兩個女孩興奮地聊著。李夫人和孫夫人也在聊她們的話

（北宋）張擇端〈清明上河圖〉（局部）

題，比如明天包什麼粽子，去不去弔屈原。

寺廟的人實在太多了，她們排了很久的隊才進了主殿。燒完香，她們都捐了一些香火錢，在僧人那裡領了避邪的符袋。

從大相國寺出來，接下來的活動就是幾位女士期盼已久的了。從古至今，女人愛逛街的天性始終如一。李夫人和孫夫人結伴去採購明天要用的艾草、張天師像、菖蒲酒等，李小娘子和孫姑娘則要準備蘭湯浴中草藥，當然，還有她們喜歡吃的零食。

姑娘們先去了潘樓街的零食舖子，挑選了各種各樣的吃食。李小娘子怕胖，平時都盡量控制口腹之欲，也就是到了節日才會心安理得放肆一番，把想吃的東西都吃個遍。孫姑娘就不用說了，她的書房裡除了筆墨紙硯，零食是必不可少的。

從零食鋪子出來，她們緊接著去了藥舖。李小娘子愛臭美，泡藥浴必放蘭花，她還讓藥舖掌櫃給她配了其他藥材，菖蒲、艾草、鳳仙花、柏葉等等。孫姑娘也要了份同樣的中草藥包。

藥舖掌櫃心情很好，每年這一時節，來買蘭湯浴草藥的女孩們絡繹不絕。他們是一家百年老店，端午傳統是把小禮物裝在布袋裡，和藥材一起回贈給客戶。李小娘子領到的是烏髮油，孫姑娘領到的是中藥香囊。

必需用品都買完了，姑娘們又去了成衣店，挑選了節日新衣。她們光試衣服就用了半天，要不是兩位老媽來催促，想來一時半會兒還結束不了。所幸，她們都買到了滿意的衣服，滿載而歸。

## 小知識

1. 北宋時期，汴京人稱五月初一為端一，初二為端二，數以至五，謂之端五。端是開端之意，五與午通用，故稱端午。從五月初一開始，大街小巷就會有端午的各種用品出售，節日氣氛十分濃烈。初五這一天不僅是紀念屈原的日子，也是驅逐瘟神的日子，幾乎全民參與。

2. 《歲時雜記》記載：「端午粽子，名品甚多，形制不一，有角粽、錐粽、茭粽、筒粽、秤槌粽，又有九子粽。」

3. 宋朝女子端午節有蘭湯沐浴的風俗。蘭湯指的是中草藥浴水，裡面有艾草、菖蒲、白玉蘭。這一習俗自古就有，因端午已經是夏天，容易出汗，而五月又是古人眼中的「惡月」，這一時節毒蟲易泛濫，細菌易滋生，瘟疫易蔓延，沐浴蘭湯主要是為了驅蟲避害，預防疾病。如蘇軾〈浣溪沙．端午〉中所寫，「輕汗微微透碧紈，明朝端午浴芳蘭。流香漲膩滿晴川」。

## 都別睡了，起來嗨

天剛矇矇亮，李小娘子就醒了。或許是因為要過節了比較興奮，她一晚上沒怎麼睡，但是也不怎麼睏。睡在她隔壁的婢女差不多也是這樣的心情，雞鳴就起來穿好衣服了。李小娘子簡單穿了衣服，讓婢女準備燒蘭湯浴的水，她得去喊她爸媽起床。

李夫人和李老爺畢竟年紀大些，起床時還有些犯睏。他們在李小娘子的催促下，拎著籃子出門了。籃子裡有艾草和張天師像。

李家院子大，有前門、側門、後門三個門，他們一家人一起，親手在每個門上都插了艾條，貼了張天師像。李夫人又把昨天從大相國寺求來的符袋分給了老公和女兒，讓他們貼身帶著，說是可以驅瘟神，去疫病。

忙完這一切，李夫人要去後廚看看粽子和其他吃食準備得怎樣了，然後和女兒分別去泡蘭湯浴。他們今天的活動很豐富，弔完屈原還得看賽龍舟。對女子們來說，端午無異於狂歡節，她們能參與的活動比平日裡要多得多。

李小娘子回到房間，婢女已經準備好泡澡的水了，裡面放了她昨天買來的中藥包。她一進門就聞到了濃郁的草藥香，還是那個熟悉的配方。每年洗蘭湯浴也是她很享受和嚮往的一件事。

在李小娘子泡澡的同時，婢女幫她把今天要穿的新衣服整理好，掛在了屏風上。另外她還準備

（唐）李昭道〈龍舟競渡圖〉（局部）

了一些五彩絲線，還有用繒彩剪的小符。

洗蘭湯浴是件很享受的事，李小娘子在浴桶中泡著不想出來。熱氣蒸得她滿臉都是汗，這麼一泡，彷彿把積在體內的毒素全都排出來了。婢女在屏風外等李小娘子，她看見屏風裡的水汽往外冒，帶著藥香，不一會兒就瀰漫了整間屋子。

大概泡了半個小時，李小娘子依依不捨地穿上衣服。她在婢女的幫助下穿戴整齊，然後在手臂上纏上了五彩絲線，又把避邪小符掛在了髮髻上。這些都是女孩子在端午要做的事，她們每年都會精心準備，以此來迎接節日。

準備完畢，李小娘子帶著一身草藥香走出房門。這時天已經大亮，她爸媽也都穿戴整齊，在餐廳等早飯了。除了平時的粥湯，今天早上還有各種餡的粽子和五色水糰。

李夫人給女兒介紹，今年的粽子增加了幾個口味，除了棗泥和糖的，還有松栗和胡桃的。李小娘子挑了個胡桃的，一剝開粽子葉，糯米的清香撲鼻而來。

李老爺送給女兒和太太一人一個香囊、一把扇子。他笑著說：「這個香囊是我太醫院的朋友送的，用了上好的草藥配製，可以驅蟲避邪，妳們都戴著，吃完飯我們去弔屈原，看賽龍舟。」

「你也去？你今天不上班？」李小娘子問。

李老爺很驕傲：「端午可是法定節假日，我們今天休息。」

「既然如此，我們快走吧。再不走汴河邊就擠滿人了，我們想看熱鬧都沒地方站。」

李小娘子興沖沖拉著父母出門。

大街上說是人山人海也不過分，好像平時在家宅著的人全部都上街了一樣，有些主幹道甚至發生了壅堵，馬車半天都過不去。他們用了比往常多一倍的時間才到汴河，而河邊早就已經人滿為患。

李小娘子往遠處一看，龍舟手們整裝待發，接下來就是大家最期待的賽龍舟環節了。她趕緊拉著父母找了個視角清晰的位置，等著看緊張刺激的比賽，這也是端午節熱鬧的巔峰。

## 小知識

1. 北宋婦女有戴釵頭符的習慣，將繒彩剪成小符，蘭湯沐浴之後戴在頭上，插於鬢髻之上，用以避邪。《歲時雜記》載：「端午剪繒彩作小符兒，爭逞精巧，摻於鬢髻之上，都城亦多撲賣。」

2. 端午當天，婦女沐浴完蘭湯會穿新衣，纏彩絲，掛小符。這一習俗在蘇軾的詞作中也能見到，「彩線輕纏紅玉臂，小符斜掛綠雲鬟。佳人相見一千年」。

3. 宋人會在端午這一天貼張天師像，因此五月初一開始街上就會有很多畫張天師像售賣的。《歲時雜記》記載：「合泥作張天師，以艾為頭，以蒜為拳，置於門戶上。」

4. 吃五色水糰是北宋民間端午節的又一習俗。五色水糰是一種用糯米做的糰子，通常會雜以其他顏色做出花果和獸形。《東京夢華錄》記載：「家家鋪陳於門首，與粽子、五色水糰、茶酒供養。」

# 養貓篇

李小娘子惦記養貓很久很久了。她從小喜歡動物，早些年家裡養了一隻兔子，不知怎麼的病死了，她難過了好一陣子，再後來就不太敢養小動物了。最近這半年，她的朋友圈颳了一陣養貓風，相熟的女孩子幾乎人手一隻貓，看得她心裡癢癢的。

受這股養貓風的影響，連向來怕麻煩的孫姑娘都開始養貓了。她哥上個月幫她聘了一隻小橘貓，取名呆呆。李小娘子時不時會去孫姑娘家逗貓，越看越喜歡。要不怎麼說貓是最治癒的動物呢，無論有多心煩，逗牠玩一會兒，立刻滿血復活。

李小娘子掰手指算了下，她的好朋友中，好像就只有她是「無貓一族」了，好氣人啊！尤其是上週的聚會，大家不知是不是事先約好的，居然都帶著自己的貓去了。她們的話題自然也都是圍著貓的，比如誰家的貓溫順，誰家的貓毛髮柔軟，誰家的貓怕老鼠……只有李小娘子一個人慘兮兮坐著給大家泡茶，完全插不進話。她特地帶了新收的茶餅，結果大家好像對她的茶也失去了興趣……

「唉……」李小娘子嘆了口氣，趴在窗口出神。

婢女進門呼喚李小娘子，說李郎來找她了。李小娘子意興闌珊，整理好衣服出門。

李郎在大廳喝茶，見李小娘子出來，喜孜孜地告訴她：「妳不是想養貓嗎？我給妳物色了一隻長得特別可愛的，保證妳喜歡。」

李小娘子眼前一亮：「是嗎？貓呢？在哪裡？」

「妳還記得趙公子的表哥嗎？家裡經營太平樓的那個？」

「記得，他不是還說帶我們去太平樓吃飯嗎？難道你是來找我去吃飯的？」

李郎搖搖頭，說：「趙公子表哥家的狸奴我見過的，玉雪可愛，毛像絲一樣順滑，連我都愛不釋手。不久前這狸奴生了一窩小崽，算算時間差不多該斷奶了。我想著妳肯定喜歡，讓趙公子替妳要了一隻。」

「太好了！什麼時候可以把小貓接回來？」

「現在就可以。妳收拾一下，帶些聘貓用的禮物跟我去太平樓，我的馬車在外面等呢。」

李小娘子快樂得要起飛了，拉著婢女興沖沖回房間收拾。

和李郎描述的一樣，趙公子表哥家的貓實在太好看了，牠生了六隻幼崽，顏值比起牠們的媽媽絲毫不差。由於太平樓生意繁忙，趙公子的表哥表嫂實在沒精力照顧那麼多隻貓，他們決定留下一隻小貓崽，其餘的送給喜歡貓的朋友們養。

李小娘子是第一個來接貓的，可選擇的餘地很大。她觀察了六隻小貓，覺得都很可愛，難以取捨。最終，她挑了一隻合眼緣的，向趙公子和他表哥道過謝，送上了精心準備的聘貓小禮物。

小貓舔了舔李小娘子的手腕，喵喵叫，像是也很喜歡她。

李小娘子問趙公子的表哥：「好可愛啊！牠有名字嗎？」

「還沒有，妳可以給牠取個好聽的名字。」

李小娘子想了想，孫姑娘的貓叫呆呆，那她的貓就叫聰聰好了，相形見絀。她想像了一下孫姑娘聽了這個名字之後的表情，忍不住笑出聲來。眾人都不知道她笑什麼，只以為是收了小貓，心裡高興。

聰聰只有一隻手掌大小，軟軟糯糯，叫起來聲音也很細，李小娘子怕牠餓著，趕緊告辭回家。她該給小貓收拾新家了，家裡沒有貓糧，還得去市集上現買。

宋人（傳）〈戲貓圖〉

這幾日，李小娘子有了新寵，連家門都懶得出了，一心撲在小貓身上。朋友們發出的聚會邀請她一律婉拒，連孫姑娘的夏季時裝派對都沒去。

家裡有了新成員，要準備的東西太多了。李小娘子和她媽媽一起給小貓縫了個貓窩，又去市集買了些特製的幼貓貓糧。小貓剛斷奶，李小娘子怕牠吃不慣貓糧，吩咐婢女每天準備一些牛肉碎，拌在米飯裡給牠吃著，過渡幾天。

小貓每天吃得好，身體長得快，毛也愈發柔順，比牠剛到家的時候好看了不少。

婢女誇讚：「這小狸奴越長越好看了，跟姑娘妳有緣啊。牠每天都圍著妳轉，妳一不在牠就一直叫。」

李小娘子很得意：「我跟動物都有緣。假以時日等聰聰長大了，肯定比牠媽媽更好看！」

說到這兒，李小娘子又想起，等小貓長大了，她就該忘了牠小時候憨厚可愛的樣子了，得記錄下來才是。她讓婢女取筆墨紙硯，即興給小貓畫一幅肖像畫。

自從把小貓接回來，李小娘子每天都跟牠待在一起，小貓的每一個特徵她都很熟悉，但真要入畫還是得再觀察觀察。趁著婢女研墨，她抱起小貓上下打量一番。小貓不知道主人想幹嘛，喵喵叫著，似乎有些想下去玩。

為了畫出小貓最好的狀態，李小娘子取了一個她上次做香囊剩下的線團給牠。小貓看到線團就撲了過去，抓著不放，憨態可掬。李小娘子很滿意，一筆一畫描繪了這一場景。

太陽漸漸下山，一幅〈狸奴嬉戲圖〉完成了。李小娘子欣賞了一番，十分滿意。

又過了幾天，孫姑娘耐不住寂寞，找上門來了。她很納悶，李小娘子最近是怎麼了，叫了好幾次都不出門。最近天氣逐漸炎熱，她還想約李小娘子泛舟去呢。

孫姑娘和李小娘子差不多，最近一顆心都繫在自己的貓身上，出門也沒忘記抱著她心愛的小寶貝。她抱著呆呆，一邊呼喚李小娘子的乳名一邊朝她房間走去。

李小娘子在書房畫畫，這已經是她畫的第三張狸奴圖了。她樂此不疲，恨不得每天畫一張。聽婢女說孫姑娘來找她了，她放下畫筆，抱著小貓出門。

孫姑娘正好走過來，抱著貓的兩人面面相覷，然後不約而同笑出聲來。

「妳怎麼也不聲不響養貓了？」孫姑娘問她。

「哪有不聲不響，我唸叨很久了，只是一直沒找到合適的。」

「這隻小狸奴哪裡聘來的？真好看。」

「太平樓。」

「有點耳熟啊。」孫姑娘想起來了，「那不是趙公子他表哥開的嗎？」

「對啊。趙公子表哥家的貓生了崽，我親自上門去聘的。」

孫姑娘逗她：「這趙公子對妳很上心啊，是不是……」

「別瞎說，是我哥替我要的！他們家狸奴生了六隻小貓崽，我一眼挑中了聽聽，牠果然跟我很有緣，我一出門牠就叫，所以最近我都沒去參加妳的派對。」

「我說呢，最近叫妳妳怎麼都不出門了。」孫姑娘說，「這幾日天氣不錯，有沒有興趣一起泛舟去？」

「這主意不錯。那就說定了，回頭約。」

李小娘子一點頭，孫姑娘踏實多了，她早就想去泛舟了，苦於沒人陪她。等等……

「妳剛才說，妳的小貓叫什麼名字？」

「聽聽，聰明的聽。」

「聽聽？」孫姑娘覺得哪裡怪怪的，「聽聽……呆呆？噗……」

呆呆不知道她們在說牠，懶洋洋打了個哈欠，窩在孫姑娘懷裡繼續睡去了。

**小知識**

1. 傳聞唐高宗的妃子蕭淑妃受武則天迫害，臨死前曾賭咒「願武為鼠，吾為貓，生生世世扼其喉」，因此宋朝民間稱貓為天子妃；文學作品中對貓的稱呼多為「狸奴」，如陸游〈贈貓〉中的「裹鹽迎得小狸奴」。
2. 宋朝人把貓帶回家養不叫買貓，叫聘貓，是要給貓的原主人「聘禮」的，最常見的聘禮是鹽，因為「鹽」同「緣」。

3. 宋人養貓成風，北宋都城汴京的市集上就有專門兜售貓糧的店鋪。南宋時期，杭州城關於貓的經營項目更加完善，如賣貓窩的，給貓做美容護理的等等。

# 泛舟篇

李小娘子生於文學世家，家教雖然嚴格，但家人對她的興趣愛好一向都很支持。她和普通閨閣女子不太一樣，看似溫柔婉約，卻有著不羈的文人風骨。她愛喝酒，也學釀酒，偶爾會去賭坊賭錢，興致來時會乘一葉扁舟隨波逐流，賞月聽風。她那些在汴京文人圈中流傳的詩詞，也是得益於這樣自由爛漫的生活。

泛舟是李小娘子最愛的娛樂活動之一。無須精緻的畫舫和優雅的環境，她只想安靜地漂泊在水面上，聽聽風就行。孫姑娘受她影響，一到夏天就喜歡拉著她泛舟湖上，她們這一愛好保持很多年了。

今年夏天格外熱，夏至過後，白天基本上都是令人煩躁的蟬鳴，即便太陽下山，熱氣還是久久不散。李小娘子坐在院子裡乘涼，邊搧扇子邊吃剛從冰庫拿出來的荔枝膏。小貓在她腳邊走來走去，看著她一直吃冷飲，舔舔嘴，饞了。

婢女提醒李小娘子：「姑娘妳晚上別吃太多冰的，容易拉肚子。明天下午妳還要跟妳堂哥去泛舟呢。」

李小娘子點頭，卻忍不住又吃了幾口。明天泛舟的活動是李郎發起的，因前幾天孫姑娘也約了她，她就把這兩人約在一起了。鑑於孫姑娘和李郎屬於眉來眼去愛情即將萌芽的關係，她可不想當電燈泡，就讓李郎隨便約個朋友，好有人陪她來一起承受這份尷尬。李郎喊了他好哥們趙公子，於是，明天又是熟悉的四人行。

婢女早就給李小娘子準備好了明日出行的東西。除了李小娘子特地交代的羊羔酒，她還打包了不少小吃零食。她聽李郎提起，之所以約在這一天，是因為正好是滿月，他們可以賞完月再回來。既然要待到晚上，李小娘子應該會肚子餓吧。

第二天下午，李小娘子乘坐馬車去了郊外跟大夥兒會合。她穿得很清涼，頭上也沒有多餘的首飾。春天才是隆重的季節，夏天就怎麼簡單怎麼來了。孫姑娘跟她想的差不多，穿得十分單薄，還帶了把團扇，一看就是最近在家熱壞了。

李郎和趙公子已經在溪邊等候了。兩位公子都會划船，他們商量了一下，先由趙公子掌舵，趙公子累了再換李郎來。

兩位姑娘上了小船。船緩緩漂流，他們吹著風，路上的暑氣也消了大半。沿著這條溪一直往南走，就會通往他們平時經常遊玩的湖中。他們準備一路南下，在湖中賞月、喝酒，然後回家。

李小娘子很小的時候，曾有好幾次跟著李郎來這條溪上泛舟，但一路遊玩到湖中賞月，這樣的經歷卻是今生第一次體驗。當時她年紀太小，她爸媽不讓她晚歸，因此錯過了不少美景。

回想起昔日種種，李小娘子很欣慰，今天她總算能盡興了。

小船是李郎家的，麻雀雖小五臟俱全。這是他讓木工特製的遊玩用船，比一般小船要結實得多，不用擔心遇上風雨天。

孫姑娘李郎坐在船篷裡交談著，心情十分美妙。李小娘子很識時務，沒有去打擾，只給他們斟了酒，就去船頭戲水

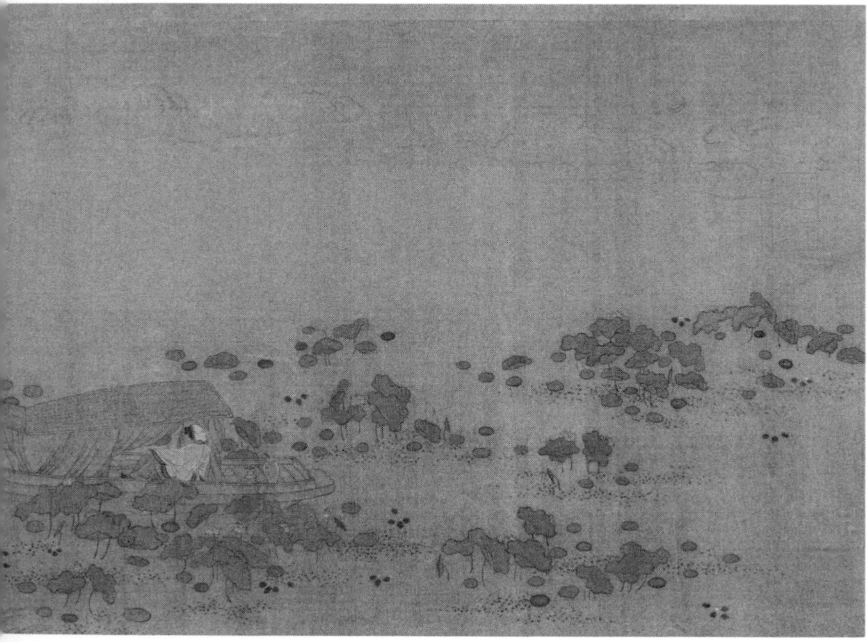

（南宋）趙伯駒〈蓮舟新月圖〉

了。她想起李郎那幅〈清明遊春圖〉中唐人泛舟的樣子，也脫下鞋，把雙腿放進溪水中玩耍。迎著風，吃著點心，喝著酒，別提有多爽快了。

歡樂的時間過得總是很快。大約兩個小時，他們的船抵達了湖區，眼前景象也豁然開朗了許多。此時夕陽西下，他們運氣好，趕上了湖中的日落美景。

湖水平穩，趙公子暫時把船槳收了起來。李小娘子覺得他應該累了，趕緊讓他加入，一起玩

耍。她給大家挨個倒酒，談笑間，杯中的酒很快見底了。

「快看，有火燒雲！」孫姑娘激動地指向外面。

今天多雲，天邊雲彩在陽光的映照下格外好看。隨著夕陽漸漸落下，整片湖從赤紅到金黃，再到淺黃……最後夕陽沒入山頭，火燒雲也失去了蹤影。

李小娘子感嘆：「這雲彩太美了，值得回去畫一張畫，掛起來。」

孫姑娘本來想回應，只可惜她畫畫水準不怎麼樣，湊不了這個熱鬧，於是乖乖閉嘴了。

趙公子提議，大家回去後每人畫一幅畫，記錄今天泛舟見到的美妙景色。李小娘子和李郎點頭附和，孫姑娘支支吾吾，被迫答應。在李郎面前，她可不想丟人……

大家喝酒聊天，興致高昂，從詩詞歌賦談到馬球蹴鞠。

夜幕降臨，月亮逐漸升起，在湖面灑下盈盈月光。雖說這月光足夠明亮，李小娘子還是把婢女給她準備的燈點亮了。在這明月之夜，一葉扁舟漂泊在湖面上，小舟上一盞孤燈，美麗如畫。

藉著燈光，李郎向前輕輕划著船。這湖中心有一片荷花，也不知現在有沒有開。他想把小船划到荷花叢中去，有花香有美酒，這才有賞月的氣氛。

孫姑娘酒量最差，已經有些微醺了。她半靠在李小娘子身上，吹著湖面的風，臉頰通紅。她指著天上：「今天的月亮真圓啊！」

李小娘子提醒她看前方湖面：「快看，好多荷花！」

船漸漸靠近荷花叢。孫姑娘揉揉眼睛一看，月光下的荷花朵朵綻放，像仙境一樣。

李郎把船停在荷花叢中，回到了船篷。接下來，他們要安逸地享受賞花賞月的美好時光了。

幾天後，李小娘子回想起月下美景，畫了一幅〈月夜蓮舟圖〉，並在畫的右上角題了一首詞。她爸看了畫和詞，非常滿意，讓她以後儘管出去玩——只要她能寫出美妙的詞作，想怎麼玩就怎麼玩。

有了父母的首肯，李小娘子的鹹魚人生也進入了最佳階段。

## 小知識

1. 古人有月夜泛舟的習慣，他們會選在天氣好的日子和朋友一同出遊，於湖上賞月。蘇軾〈赤壁賦〉就有寫到自己和友人月下泛舟飲酒，並宿於船上直到天明。
2. 《世說新語》記載，王子猷雪夜突然想起友人戴安道，半夜乘小舟前往戴安道住處，到門口卻盡興而回，這就是著名的「雪夜訪戴」的故事。在交通並不發達的年代，泛舟出遊對古人生活的影響，可見一斑。

# 冷飲篇

## 炎炎夏日的納涼生活

晚上九點左右，李小娘子的房間窗戶大開。她坐在窗邊搧扇子，沒有半分睡意。往年的夏天都還算涼快，今年不知道怎麼回事，且不說白天了，晚上也熱得很。她早睡的計畫也被暑氣無情地打亂了。

大概坐了半個小時，李小娘子實在忍不住了，她換上涼快的紗衣，準備去院子裡走走。

到了後花園，李小娘子遠遠看見湖邊的涼亭中亮著燈。她覺得奇怪，走近一看，原來是她爸媽在納涼。他們正斜倚在胡床上聊天，胡床旁邊放了張小桌子，上面放了一盤切好的西瓜，兩邊還有婢女站著給他們搧扇子。李小娘子「酸」了，這兩人居然比她還會享受生活……

看見女兒走過來，李夫人趕緊讓婢女從屋子裡再搬一張胡床出來，招呼女兒一起納涼。

「還記得有我這麼個女兒呢，」李小娘子假裝不滿意，「你們決定出來納涼的時候，怎麼沒想起來叫我？」

「妳最近總往外跑，誰知道妳有沒有去夜市吃涼水！」

「我倒是想，可惜明天一早我要去大相國寺上香。我本來準備早點睡，可太熱了，睡不著。」

被李夫人這麼一說，李小娘子還真有點想吃涼水了。這麼熱的天，吃點冰涼的飲料，心情會變好。

注意，宋朝的「涼水」可不是我們現在所說的生水，而是冷飲的統稱。當時的人享受生活，涼水也多種多樣。夏天一到，在汴京任何一個市集都能買到涼水。

李小娘子回想起州橋夜市上賣的涼水，諸如荔枝膏、椰子水、綠豆水、木瓜汁、豆兒水、冰雪冷元子、甘蔗汁、水晶皂兒……哎，好想吃，嘴饞。

婢女很快搬出了胡床，李小娘子坐在父母邊上，拿了一塊西瓜吃。沒想到一口咬下去，冷不防牙齒一顫。原來這西瓜是在冰鑑裡放過的——為了能在夏天吃到冷飲，她爸之前買了幾個冰鑑放在家裡。

李小娘子家不像孫姑娘家那麼財大氣粗，孫家直接在地下挖了冰窖。冬天的時候，他們派人從河裡鑿來不少冰塊，在冰窖一直儲藏到夏天。家裡的水果蔬菜都可以放在冰窖保存，也可以直接用冰塊做冷飲。

李夫人也拿了西瓜吃，她跟女兒聊天：「我決定了，過陣子家裡挖個冰窖，這樣每年夏天我們都能隨時吃到冰鎮水果了。」

「用不著吧……也就今年夏天反常，以前沒這麼熱的。」

「有備無患嘛。家裡要是有足夠的冰，拿一大塊出來在涼亭放著，冰一化，我們納涼也舒服很多。」

「這倒是。」李小娘子難得贊同她媽。孫姑娘就很會享受，聽說她每天納涼的時候都會從冰窖拿冰塊出來，以度過炎炎夏日。

吃完冰西瓜，李小娘子覺得不過癮，問婢女：「冰鑑裡還有什麼吃的？都拿來吧。」

婢女退下，不一會兒端了個小盆出來。李小娘子打開蓋子，裡面放的是藥木瓜。昨天她看見她媽媽在廚房做了這個，過程不麻煩，只一眼她也學會了。先把木瓜煮到發白，洗乾淨後用鹽和中藥醃漬，醃完了加入蜂蜜，用冰水泡著。

李老爺不愛吃西瓜，見婢女端了冰鎮藥木瓜出來，吩咐給他也盛一份。一家三口各端了一碗冷飲，邊吃邊閒聊，四周草叢裡傳來蟲鳴聲，氣氛安逸祥和。在這樣的天倫之樂下，漸漸地，李小娘子覺得好像也沒那麼熱了。

## 小知識

1. 胡床不是床，是一種可以摺疊的坐具。最早的胡床跟馬扎很像，演變到宋朝，胡床多了扶手和靠背，可以斜靠著坐，類似交椅。
2. 在宋代，「涼水」特指冷飲。夏天的州橋夜市有很多冷飲出售，如冰雪、荔枝膏、砂糖綠豆、水晶皂兒、冰雪冷元子、黃冷糰子等。
3. 冰鑑是古代的冰箱，構造如雙層木桶，中間夾層裡放冰塊。古人夏天用冰鑑存放蔬菜水果，市集上小販出售冷飲也會用冰鑑儲存。

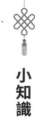

4. 宋朝冰窖已經很常見了，不僅宮廷，民間也有不少。當時的人會在冬天把河中的冰鑿下放到冰窖裡，夏天搬出來賣。權貴人家多在自家挖冰窖，儲存蔬果。

# 一起去夜市吃冷飲

李小娘子感嘆今年夏天太熱，不適合在家發呆，連她最愛的小貓都暫時對她失去了吸引力。這一天晚上，她坐在胡床上看了許久月亮，突發奇想，準備去夜市吃冰雪冷元子。沒錯，她是個「減肥狗」不假，但是沒有冷飲的夏天不配叫夏天，她決定吃完了再減肥！

一個人逛夜市太無聊，李小娘子第一個想到的自然是她的好閨密孫姑娘。她事先沒打招呼，上了馬車就往孫姑娘家趕。

孫姑娘是個比李小娘子還會享受的主兒，李小娘子到她家時，她正靠在竹椅上納涼。只見她閉目養神，懷裡抱著竹夫人，旁邊的桌上放了一大盆冰，她的婢女用扇子搧著冰塊。

涼風習習而來，孫姑娘極其享受。

婢女看見李小娘子，正要提醒，李小娘子比了個噤聲的手勢。她輕手輕腳走過去，一把從孫姑娘懷中抽走了竹夫人。孫姑娘嚇了一跳，趕緊坐了起來。

李小娘子哈哈大笑。婢女也跟著笑。

「嚇死我了！」孫姑娘拍拍胸口，拿了扇子去打她，「妳怎麼來了，也不提前說一聲。」

「因為是臨時起意啊。」

「來得正好，我一個人無聊，陪我待會兒吧。想不想吃水果？我家冰窖有很多水果呢，我讓人去取。」

李小娘子阻止她：「不用不用，不吃水果了。有沒有興趣陪我去州橋夜市吃涼水呀？」

「身體是懶得去，精神上又想吃，唉。」孫姑娘嘆氣。

「既然想吃，那就別懶了，走吧！」

孫姑娘換了身衣服，兩人高高興興出門去了。

她們有一陣子沒來州橋夜市了，沒想到夏天的夜市更加熱鬧，不僅兩邊的舖子裡賣的東西更多了，而且多出了一群在路邊擺攤的小販。想來他們也是因為天太熱在家待不住，乾脆來夜市擺攤賺點錢。大多數小販的攤子上都擺著冰鑑，李小娘子猜，冰鑑裡放的應該是各種涼水。

李小娘子挑了一家客人相對少的店，找了張空桌子坐下，她要了一份心心念念的冰雪冷元子。孫姑娘要了一份水晶皂兒，冰雪冷元子她經常吃，今天她想嘗嘗不一樣的。她聽她媽說，水晶皂兒是用皂角仁浸泡糖水做的，入口冰涼甘甜，非常好吃。

老闆端上了她們點的涼水。李小娘子嚐了嚐，讚不絕口，誇這家的師傅手藝好。孫姑娘吃著水晶皂兒，感覺也還行，但是沒有她媽說的那麼驚豔，或許是比較合她媽的口味吧。她對李小娘子說：「舊宋門外的兩家涼水店最有名，我吃過幾次，回味無窮。改天我帶妳去嚐嚐。」

「我也聽我哥說過，除了曹家從食，舊宋門的涼水是最好吃的，不過賣得很貴。」

「貴有貴的道理。這兩家店不僅味道好，所有涼水都是裝在銀質容器裡的，能不貴嗎？」

李小娘子被她說得動心了，讓她改天帶著去吃一次。

「妳剛說妳哥，最近都沒怎麼見他，他忙什麼呢？」

「忙著畫畫，明天他還約我去他家一起掛畫呢，妳要不要去？」

孫姑娘求之不得：「好啊好啊。」

她們聊得正開心，老闆娘端了兩碗白色的冰沙過來，熱情招呼：「兩位姑娘，這是我們店的新品，明天就要正式推出了，先請妳們試試味道。」

這冰沙看著很好吃的樣子，她們以前從未見過。

李小娘子問：「這個叫什麼？看上去好特別。」

老闆娘笑著說：「叫做『酥山』，是前朝最流行的飲品。夏天一到，汴京城的涼水店競爭太激烈了，我們店最近客人不多，不開發點新品很難殺出重圍。我老公最近在研究前朝食譜，這是他照著食譜自己做的。」

李小娘子在古籍上看到過酥山，據說是一種用牛奶做的冰飲。她拿起勺子嚐了一口，酥山入口即化，冰涼甜蜜，實在太好吃了！孫姑娘顯然也很喜歡，沒幾口就把一碗酥山吃完了。

為了感謝老闆娘送的酥山，孫姑娘想照顧一下她家生意，又點了一份荔枝膏、一份雪泡豆兒水和一份砂糖綠豆。要不是李小娘子及時阻止，她還想叫份兔子肉和雞肉乾，就著涼水一起吃。

李小娘子說：「妳點菜總是收不住，點太多了！而且妳吃完涼水又吃肉，小心鬧肚子。」

「才不會呢，我是鐵胃，吃不壞。」孫姑娘不以為意。

但是很快，孫姑娘被啪啪打臉——當晚回家她就鬧肚子了，一晚上跑了七、八次廁所，差點沒虛脫。想到明天還得去男神家掛畫，孫姑娘都想打死自己，千不該萬不該，大晚上吃那麼多冰的東西，真是罪過。

## 小知識

1. 竹夫人是用竹篾編織的乘涼用品，古人夏天喜歡抱著竹夫人乘涼。蘇軾有詩，「留我同行木上座，贈君無語竹夫人」。

2. 宋朝最有名的三家冷飲店，一家叫曹家從食，另外兩家位於舊宋門外，店名無從考證。《東京夢華錄》載：冰雪「惟舊宋門外兩家最盛，悉用銀器」。

3. 唐朝人也有吃冷飲的習慣，其中最有名的冰鎮飲品叫酥山，唐章懷太子墓出土的壁畫中繪有仕女端著酥山的圖。

4. 關於宋朝冷飲的典故，據《宋史》記載，南宋孝宗曾對禮部侍郎說：「朕前飲冰水過多，忽暴下，幸即平復。」

# 掛畫篇

李郎風雅，在汴京城的文人圈是出了名的。這一天，他在家中舉辦了一個以掛畫為主題的小沙龍。邀請的人不多，除了他幾個同愛畫的至交好友，還有堂妹李小娘子和她的閨密孫姑娘。

之所以選在這個時候辦掛畫沙龍，是因為他叔叔李老爺前天送了他一幅據說是魏晉時期的古畫。這幅畫的作者不詳，畫風也自成一派，無從考據，他準備讓朋友們一起鑑賞，看能不能得出什麼結論。順便，前些日子他和李小娘子一行人去泛舟，約了各畫一幅畫，他已經完成了，得把畫裱裝起來。

在邀請函上，李郎特地叮囑李小娘子、趙公子和孫姑娘，務必把泛舟的畫作帶上，大家共同鑑賞。

沙龍的舉辦地點定在了花園湖心亭的水榭中，這個水榭是他平時寫詩作畫的地方。為了迎接前來參加沙龍的朋友，他特地讓帳設司、排辦局和果子局把水榭整理布置了一番，擺了屏風，放上了鮮花和時令水果。

朋友們陸續到了，見水榭的擺設，都嘖嘖稱讚李郎會享受生活。

李小娘子和孫姑娘約了時間一起到李郎家。她們按照李郎的要求，都把各自的畫作帶上了。李小娘子的〈月夜蓮舟圖〉得到過她爸的誇獎，而且她的詩詞書畫一向有口皆碑，因此她信心滿滿。孫姑娘就不同了，舞文弄墨的事她一直不擅長，要不是不好意思在心上人面前丟臉，她甚至都不想提筆作畫。

到了花園，李郎家的下人帶兩位女士去乘小船上湖心島，抵達水榭。李小娘子以為和上次香席一樣會來很多人，沒想到……她數了下，加上她和孫姑娘在內，也就八個人。她一眼就看見了坐在李郎身邊的趙公子——他手裡也拿了一幅畫，應該是泛舟那日約定畫的。

趙公子也看見了李小娘子和孫姑娘，朝她們點頭問候。

李郎一看他邀請的人都到齊了，讓書僮安排大家落座。他先把叔叔送的畫拿了出來，對眾人說：「這幅〈撫琴圖〉是我叔叔送給我的，據說是魏晉時期的畫。可惜年代久遠，畫保存得有些瑕疵，上面也沒有作者的題字，究竟是不是魏晉文人所作，還存在疑慮。大家怎麼看呀？」

在座的人各抒己見，滔滔不絕。但總體來說，大家對這幅畫的評價還是很高的，尤其是畫上面的那兩句詩，筆力遒勁，頗有魏晉風骨。

（宋）佚名〈蓮舟仙渡圖〉

見大家都誇獎，李郎很滿意。他叔叔是個書畫收藏家，他送的畫應該不會差。

李郎合上卷軸，交給書僮。他又拿出了前幾日剛畫完的〈夕陽泛舟圖〉，給大家展示了一番：「本月十五，我和我妹妹、孫姑娘、趙公子一同泛舟。我們相約，回家後各自畫一幅畫，記錄一下看到的風景。我畫的就是這幅〈夕陽泛舟圖〉啦。朋友們一起看看，指點指點。」

朋友A說：「這天邊的火燒雲畫得太傳神了，尤其是雲彩在水中的倒影，妙啊！」

朋友B說：「夕陽才是點睛之筆。」

朋友C說：「我覺得還是湖面的漣漪畫得更妙。」

得到大家的誇獎，李郎很高興。接下來他要做的就是把這幅畫裱裝起來，然後在這水榭廳堂中找個地方掛起來。

品鑑完李郎的畫之後，李小娘子也很大方地把她的畫打開，供大家欣賞。出乎眾人的意料，李小娘子的畫跟李郎的畫相比，竟然更勝一籌。他們以前只知李小娘子詩詞作得好，沒想到畫畫也是一絕。

李郎見大家對妹妹的畫比對他的評價更高，也不生氣，反而很驕傲：「我妹妹可是這汴京城中出了名的才女。這幅畫還不是她的最高水準呢。」

大家一聽，更驚訝了。他們紛紛提要求，下次李郎家再舉辦沙龍，必須邀請李小娘子一起來。李郎點頭同意，李小娘子當然也不會拒絕。

接下來是趙公子的展示時間，他平日裡低調，不顯山不露水，也很少在家舉辦這種雅致的活動，是以在場除了李郎，鮮有人知道他的才學。等到他一展示他那幅〈隨波逐流圖〉，所有人都忍不住發出哇的聲音。因為，實在是畫得太妙了！

只見小溪之上，一葉扁舟隨波而下，一男子站在東側掌舵，一女子坐在南邊的船頭，將雙腿放入溪水中嬉戲。岸邊，兩個小童拿著捕蟬的網兜往前方樹林奔跑，一看這景象，賞畫的人似乎聽到了蟬鳴聲。

李小娘子臉一紅。她的關注點是，船頭坐著的戲水女子，分明就是她啊，她那天就穿著這身衣服……

不過很快，李小娘子緩過神來了。她原以為她的畫能奪得今日最佳，沒想到被趙公子搶了風頭。這也激起了她新的創作欲，暗暗發誓，下次一定要贏過他。

（南宋）馬遠〈寒江獨釣圖〉

最後，在大家的催促下，孫姑娘不情不願打開了她的畫作。她低著頭，似乎很不好意思。確實，她的畫和前三位的相比，技藝差了不少，但也不是毫無可取之處。畫中，小船孤零零漂著，天上明月倒映在湖面上，看似十分安逸、寧靜。

有人問孫姑娘，這幅畫叫什麼名字，她搖搖頭：「我畫得不是很滿意，還沒取名字。」

說這話的時候，她看向李郎，本意是想讓李郎幫忙取個名。李郎卻頗有興趣地盯著畫看了一會兒，然後提起筆，在孫姑娘的畫上開始續作。他一氣呵成，在船上畫了一位垂釣的男子，又在湖中添了幾尾魚。畫完這些，他看了看，覺得不太滿意，又在遠處添了一片影影綽綽的荷花。

被李郎這麼一加工，孫姑娘這幅畫立刻多了生氣。他給這畫取名〈孤舟垂釣圖〉。

四個人的畫作在排辦局的忙碌下，很快都裱裝完了。最開心的當屬孫姑娘，這可是她和李郎共同完成的畫呢。她拿著卷軸，喜孜孜回家去了。

## 小知識

1. 古人在喝茶時會品鑑掛在茶座旁邊的畫，到了宋代，這樣的活動變得更加頻繁，品鑑內容以詩詞畫等作品為主。文人平日收藏字畫，會在聚會時向朋友展示，互相鑑賞。以上活動統稱為「掛畫」，是宋人生活不可或缺的部分。
2. 前文提到的「四司六局」，其中「帳設司」主要負責桌幃、屏風、繡額、書畫等，「排辦局」負責掛畫、插花等。聚會前，文人雅士會把宴會廳布置一番，使得宴席更有格調。
3. 宋人文雅，愛好書畫者多，因此裱裝工藝也在這一時期有了很大的發展。也正是因此，很多名作才得以保存。
4. 宋朝時期，掛畫風潮經久不衰，不僅文人雅士掛畫，民間百姓家中，甚至酒樓、茶樓等也有這樣的風尚。

# 投壺篇

三天前，李小娘子收到了趙公子送來的信，邀她去太平樓吃飯。她倒是記得有這麼回事，趙公子提過，潘樓街一帶有家大酒樓叫太平樓，是他表哥經營的。太平樓在汴京城頗有名氣，據說主廚的拿手菜燒鹿肉遠近聞名，很多人提前幾天預約就為了吃這道菜。

趙公子的信中還提到，讓李小娘子帶著小貓前往——李小娘子的小貓聰聰是從太平樓聘來的。一轉眼，小貓已經到李小娘子家一個多月了。李小娘子想，母貓應該很想牠的孩子，是該帶牠回去一趟了。

李小娘子問了孫姑娘，果不其然，孫姑娘也收到了邀請。李郎做為趙公子最好的朋友，自然也是收到了邀請的。可惜他昨天臨時有事出遠門了，需要大概半個月才能回來，不能一起去大飽口福了。

婢女給小貓餵了貓糧，交給了李小娘子抱著小貓上馬車，前往太平樓赴約。

孫姑娘比李小娘子早到十幾分鐘，她已經和趙公子聊上了，兩人坐在包廂興致勃勃翻菜單，商量點什麼菜。趙公子作為請客方，大手一揮，把太平樓的招牌菜全點了一遍。他們三個人一共點了九個菜，把小二都給震驚了。

吃完飯，孫姑娘覺得自己肚子都要炸了，儘管為了吃這頓飯她今天一整天都沒吃東西。

趙公子提議，不如大家一起去後院走走，消消食，順便李小娘子可以帶小貓去見見貓媽媽。趙公子表哥的貓，平時就養在後院的廂房裡。

孫姑娘第一個站起來，她實在太撐了，巴不得馬上去蹓躂一圈。

太平樓畢竟是汴京城排得上號的大酒樓，雖然比不上樊樓那麼氣派，但也著實壯觀。從主樓到偏樓中間隔了個很大的院子，院子裡有池塘，有假山，還有一排供工作人員休息用的廂房。李小娘子一行人走到假山邊，遠遠看見幾個人圍在那兒玩投壺。趙公子一看，原來是他的表哥表嫂還有表妹。

趙公子打招呼：「表哥，李小娘子帶小貓來了，你現在有空嗎？」

趙表哥玩得正嗨，見客人來了，便邀請他們一起玩：「貓就在房間裡。你們既然來了，不用著急，一起來玩啊。」

趙公子為難，問李小娘子和孫姑娘：「妳們會玩投壺嗎？要不要一起玩？」

李小娘子喜靜不喜動，投壺她只玩過幾次，水準實在不怎麼樣，也就配關起門

（明）商喜〈明宣宗行樂圖〉（局部）

來自娛自樂。這是她第一次在外面被邀請玩投壺，不好意思拒絕。因為投壺的歷史她很清楚，這項活動起源於春秋戰國時期，當時並不是作為遊戲而存在的，而是禮儀。主人宴客，邀請客人射箭，客人是不能拒絕的，不會射箭的客人就以投壺代替。總之，拒絕了就是沒禮貌……

既然如此，李小娘子只好硬著頭皮：「會一點點，那我就獻醜啦。」她突然想起，孫姑娘好像是個投壺高手，去年過年那陣子在朋友家裡玩投壺，她看見孫姑娘一出手，就打敗了在場所有人。於是雙眼放光，求助地抓著孫姑娘：「我們組隊吧，能不能保住面子就靠妳了！」

孫姑娘無所謂，身為投壺界的王者，無論多少青銅她都帶得動。

在場正好六個人，大家兩兩組隊，分成了三組：李小娘子和孫姑娘，趙公子和表妹，表哥和表嫂。趙家表哥讓小二又搬了兩個壺過來，他給每個人分了八支箭，說了下規則。

李小娘子是六個人中實力最弱的，接連四次都投了個寂寞，別說投中了，連壺的邊都沒挨上，簡直丟人丟到姥姥家。她慘兮兮地看著孫姑娘，一臉抱歉。孫姑娘拍拍她的肩膀鼓勵她：「沒事，這不是才第一局嗎？有我在，我們肯定能贏！」

接下來投壺的是趙公子。他第一次投空，第二次和第三次都中了，第四次碰到壺，又掉了出來。總體來說表現還行，勉強保住了顏面。

王者孫姑娘一上場就大殺四方，百發百中，連中貫耳，看得所有人一愣一愣的。趙家表妹奉她為偶像，激動地拉著她的袖子讓她常來，以後只要她肯來陪著玩投壺，點菜一律給她免費。這話穩穩戳中了孫姑娘的點，詩詞歌賦她不行，馬球捶丸投壺蹴鞠等，全是她的強項。能白吃白喝，豈有不答應的道理！孫姑娘拍胸脯保證，一定經常來教趙家表妹投壺。

歇了幾分鐘後，大家開始了第二輪比賽。在王者孫姑娘的帶動下，寂寞的青銅李小娘子居然也被帶贏了。

李小娘子熱淚盈眶，頭一次這麼感謝孫姑娘。在趙家表哥的熱情鼓勵下，他們又玩了幾輪，直到太陽快落山李小娘子才解脫。趙公子說帶她的小貓去找母貓的時候，她長長鬆了口氣。還是養貓好玩，投壺太自曝其短了，以後在外人面前她絕不自取其辱玩這個了。

## 小知識

1. 古代文人被要求掌握六種基本技能——禮、樂、射、御、書、數，投壺來源於「射」。春秋戰國時期，諸侯宴請賓客，會在宴席上邀請客人射箭，這是禮儀，客人不能拒絕，因此有些不會射箭的客人會把箭投入壺中代替。投壺由此而來，久而久之發展成了一種遊戲。

2. 投壺源於「射」，古文中經常會以「射」字形容投壺。如歐陽修〈醉翁亭記〉中，「宴酣之樂，非絲非竹，射者中，弈者勝，觥籌交錯，起坐而喧嘩者，眾賓歡也」。

3. 司馬光認為當時流行的投壺有悖於古代禮儀需求，越來越娛樂化。他對投壺進行了創新改革，重新制定了一套遊戲規則，比如第一箭中的叫有初，投入壺耳叫貫耳。這套規則制定後，很快就流行開來。

4. 投壺自春秋戰國興起，一直流行到明清時期。明朝宣宗皇帝朱瞻基也是一位投壺高手，故宮博物院現存明代畫作〈明宣宗行樂圖〉就繪有朱瞻基投壺的場景。

# 弈棋篇

這一年的夏天是炎熱的，也是短暫的。在新養的小貓還有各種水果冷飲的陪伴下，李小娘子度過了一個個美妙的夏日。她換下輕薄的紗衣，換上厚實的褙子，做好了迎接秋天的準備。

天氣轉涼，汴京城秋高氣爽，出行的人也越來越多了。李小娘子大半個月沒出門了，自從那天從太平樓回來，她基本上都待在家裡，跟她爸下棋，跟她媽學繡花，日子過得平靜且有些許無聊。她突然想起，李郎上週就回來了，不過他回到家也沒跟她打招呼，好像一直在家癱著。

「這不太符合我哥的性子啊。」李小娘子犯嘀咕。

李郎愛好社交，經常跟朋友聚會，這次離開汴京半個月，回到家居然沒出門？李小娘子覺得，這其中一定發生了什麼事。正巧，她最近下棋總是輸給她爸，李郎又精通棋藝，她可以去找他切磋討教一番。

到了李郎家，出來迎接李小娘子的是書僮。李小娘子問書僮：「我哥最近什麼情況，怎麼變宅男了？」

書僮嘆氣：「前陣子出門得了本棋譜，有幾個棋局解不開，一直閉門研究呢。」

「什麼樣的棋局，連他都解不開？」

書僮簡單描述了一下情況，說是有一天晚上下大雨，他陪著李郎在寺廟借住。寺廟有兩個和尚點著燈對弈，李郎好奇圍觀，之後跟他們對弈了幾局。和尚覺得自己遇到對手了，很高興，就送了李郎一本前朝棋譜。李郎像得了寶貝一樣，一回家就開始研究。

李小娘子嘖嘖讚嘆，她這個哥哥不愧是棋癡。

書僮領著李小娘子去了書房。李郎見妹妹來了，趕緊拉她上前觀棋。他很興奮：「看這棋局多妙啊，我研究好幾天都沒解開。妳棋藝也不錯，幫我參謀參謀？」

「你都解不開，我哪能啊。」

話雖這麼說，李小娘子還是研究了一番。她皺著眉頭，覺得這棋局是真夠複雜的。李郎又給她看了那本棋譜，上面有很多這樣奇妙的棋局。最近他沉迷於此，樂此不疲。

李小娘子卻見怪不怪，點評說：「唐朝知識分子都喜歡棋，連玄宗皇帝都是個圍棋迷，他們能擺出高深的棋局，一點都不奇怪啊。我下棋雖然不如你，但是我看的書不比你少。你聽說過唐朝圍棋國手王積薪的故事嗎？」

「王積薪在弈棋界那麼有名，我怎麼會不知道。他是玄宗皇帝的『棋待詔』，經常進宮陪皇帝下棋。」

「有一段關於他下棋的野史趣事，叫做『王積薪聞棋』。」

「哦？這個我還真不知道。妳說說看。」

李小娘子給李郎講了這個故事。王積薪自認為棋藝天下無敵，有一天晚上他住在一家旅店，聽見隔壁主人家的老太太喊她兒媳婦陪同下棋，兒媳答應。棋局開始了，老太太和兒媳邊下棋邊說話，我下第幾道子之類的。她們各自口述著說了幾十道子後，老太太對兒媳婦說，妳輸了。王積薪默默記下了她們落子的順序，第二天按照記憶恢復了她們的棋局，猛然發現，這對婆媳的棋藝竟然遠在他之上。

李郎聽了，若有所思。宋人愛生活，各種娛樂方式層出不窮，也有了不少創新遊戲。但就弈棋這一點而言，唐朝確實已經先一步流行開來了，他讀過的唐詩就有

（北宋）李公麟〈商山四皓會昌九老圖〉（局部）

不少是寫弈棋的。就如李小娘子所說，唐人能留下這麼奇妙的棋譜，一點都不稀奇。他愛棋如癡，有幸得到這樣的棋譜，當然是想好好研究的。

李小娘子提醒他：「日子長著呢，你急什麼，以後慢慢看吧。不要老把自己關在家裡，秋天到了，適合多出去走走，呼吸新鮮空氣。」

李郎這才意識到，前幾天就已經是立秋了。原來不知不覺，他在家憋了這麼久了……

「行吧，聽妳的，我慢慢研究。不過既然妳特地來了，不如陪我下一盤棋，過過癮。」

「好啊，正好我也想向你討教一下。你都不知道，我最近跟我爸下棋總是輸。」

李郎讓書僮收拾好棋盤。他執黑子，李小娘子執白子，開始切磋。

兄妹二人對弈棋都有著濃厚的興趣，你落一子，我落一子，就這麼對弈著，不知不覺天都快黑了。最終，李小娘子輸了四次，贏了三次。

## 小知識

1. 唐朝弈棋文化盛行，不僅文人雅士好弈棋，婦人也以此為娛樂。新疆吐魯番阿斯塔納187號墓出土的屏風畫〈弈棋仕女圖〉描繪的就是當時的貴族婦女下棋的場景。
2. 「棋待詔」是專門陪皇帝下棋的人，以圍棋為主，也被稱為棋官或國手。唐朝著名弈棋高手王積薪是玄宗的棋待詔，《唐國史補》中記錄了「王積薪聞棋」的故事。宋朝也設有棋待詔一職，屬翰林院管轄。

3. 《全唐詩》中有不少描寫下棋的詩作，如溫庭筠〈寄清源寺僧〉，「窗間半偈聞鐘後，松下殘棋送客回」。

4. 宋朝圍棋文化盛行，湧現出一批國手，如太宗的棋待詔賈玄。其中最有名的國手劉仲甫，人稱其技藝較唐代王積薪高「兩道」，著有弈棋相關作品《棋訣》等。

# 撫琴篇

初三這一天，李家格外熱鬧，因為是李小娘子的生日。李小娘子不像孫姑娘那麼熱中聚會，但生日畢竟一年才一次，還是值得好好慶祝的。她很難得邀請到了圈中絕大部分好友——除了幾個有事不能出席的。

李夫人安排了「四司六局」來操辦女兒的生日宴會，宴會排場搞得很大。她知道李小娘子愛吃太平樓的菜，為了給女兒一個驚喜，她特地找李郎幫忙請了太平樓的廚子來家裡。這事被瞞得很好，除了李夫人、李老爺還有李郎，全家上下沒人知道。

除了宴會，李夫人還精心準備了一份生日禮物，是她花了大價錢從朋友那兒收來的古琴。李小娘子愛撫琴，五、六歲學琴到現在，各種名曲信手拈來。她不太喜歡在人前賣弄，知道她撫琴技藝高超的人不多。但是知女莫若母，李夫人覺得，這份禮物一出手，女兒肯定會很高興。

李老爺的想法和李夫人不謀而合，他為女兒準備的禮物是一幅〈知音圖〉。那是他親手畫的，以俞伯牙和鍾子期高山流水遇知音的故事為背景，李小娘子是喜歡音律的人，一定能看懂他的用意。

宴席正式開始前，大家都在廳堂聊天。有幾個朋友很久沒見李小娘子了，拉著她聊各種八卦。孫姑娘姍姍來遲，一聽大家在說八卦，也趕緊加入進來。只聽見她們在聊，最近朱家橋瓦舍新來了一位琴師，是個四、五十歲的大叔，撫琴技藝出神入化，連皇帝都微服去聽過他的演奏會。

孫姑娘很不屑：「能有多好？有我家親愛的好嗎？」

A姑娘聽出了孫姑娘在說李小娘子，表示很意外：「李小娘子從沒在我們面前撫琴，難不成她是一位隱藏的王者？」

「那當然，她在撫琴一事上可是有相當造詣的。」

B姑娘也很驚訝：「哇，居然深藏不露，那妳今天可要給我們露一手啊！」

李小娘子被誇得不好意思，臉一紅：「沒那麼誇張啦，愛好而已。」

這時候李郎、趙公子還有其他幾位被邀請的男同胞也來了。李郎做為哥哥，第一個送上了禮物。李小娘子打開一看，是一本琴譜。她很開心：「還是哥哥懂我，這禮物我喜歡！」

趙公子搬出一個很大的盒子給李小娘子，在場的人都很納悶，究竟什麼樣的禮物要裝這麼大的盒子。他們催促李小娘子打開。在眾人的期待下，李小娘子打開一看，竟然是一張伏羲氏七弦琴。

李小娘子撥弄了一下琴弦，十分驚喜。恰好這時李夫人和李老爺也來到了大廳，李夫人手裡也抱著一張七弦琴，她覺得很尷尬，竟然有人先她一步送了女兒一張琴……

李小娘子看到老媽手上抱著的禮物，也愣了一下。不過這並不影響她喜悅的心情，她喜笑顏開地把大家送的禮物一一收下。

孫姑娘攛掇李小娘子：「現在有現成的琴了，要不妳就來一曲吧。」

其他人也附和：「是呀是呀，來一曲嘛。」

李小娘子本來想低調些，但是趙公子送的琴她實在太喜歡了，忍不住想活動活動手指。她調了下音準，開始彈奏。

琴聲一響起，所有人都驚呆了。他們從沒聽過這樣的曲子，時而恢弘，時而低沉，時而像風雨大作，時而像鼓聲喧天。和朱家橋瓦舍的琴師相比，有過之而無不及。等到一曲完畢，大家都還沉浸在樂聲中，回味、思考。

（北宋）趙佶〈聽琴圖〉

孫姑娘最先回神，她問李小娘子：「這是什麼曲子，以前怎麼沒聽妳彈過？」

趙公子說：「如果我沒猜錯的話，是〈孤館遇神〉吧？」

李小娘子點頭：「是的。」

聽了這個答案，其他人面面相覷。他們之中不乏琴中老手，但都沒聽說過〈孤館遇神〉這首曲子。有人問趙公子，讓他代為解惑。

趙公子說：「〈孤館遇神〉相傳是曹魏時期的名士嵇康所作，當然，遠沒有他和〈廣陵散〉的故事有名。這首曲子曾一度失傳，只有少許不怎麼主流的琴譜中有收錄。」然後，他給大家講了〈孤館遇神〉這首古琴曲的典故。

相傳某天晚上，嵇康獨自一人借住在朋友王柏林的空宅中。夜深了，嵇康睡不著，於是起來撫琴。一曲彈完，他抬頭看見了八個鬼影。不過嵇康並沒有害怕，他大聲喝斥鬼影離開。鬼影們沒有馬上離開，而是長跪在燈下，向嵇康訴苦，說他們是周朝的樂師，被賜死在這裡，他們從嵇康的琴聲中感知到了他的氣度，請求他幫忙從孤館後面的林子裡把他們的屍骨挖出，遷移到別處安葬。嵇康答應。

第二天，嵇康把這事告訴了王柏林，他們果真在樹林裡挖到了八具屍骨。嵇康信守承諾，將屍骨安葬。當晚，嵇康夢見八鬼來向他道謝。這段經歷令嵇康印象很深刻，他據此譜寫了一首古琴曲，取名「孤館遇神」。

聽趙公子說完這個故事，李夫人埋怨李小娘子：「生日這樣喜慶的日子，怎麼彈這麼不吉利的曲子……」

李小娘子不以為然：「哪裡不吉利了，我覺得很酷啊！嵇康遇見的是枉死樂師的鬼魂，寫的曲子名字卻稱為遇『神』，而非遇鬼。這才是名士作風！」

孫姑娘同意：「是啊阿姨，我也覺得很酷。而且這曲子太絕了，一般人可彈不出曲中風骨。」

李夫人只好認了：「算了，你們年輕人的想法太先進，我是跟不上了。我們還是吃飯吧。」

宴席開始了，茶酒司和台盤司的人上來，邀請大家入席，菜一道道被端了上來。在座很多人都去過太平樓，吃出了這是太平樓廚師的手藝，齊聲稱讚。

李小娘子這個生日過得很滿意。最滿意的是收到了兩張古琴，還有一本讓她愛不釋手的琴譜。

## 小知識

1. 古琴造型樣式很多，比較常見的有仲尼式、伏羲式、蕉葉式、落霞式、靈機式等。
2. 古琴一度為七根琴弦。宋太宗趙匡義是古琴愛好者，他想效仿古人增琴弦，把七弦琴改為九弦。宮廷琴師朱文濟被稱為「鼓琴天下第一」，他堅決反對太宗增弦，認為這樣會壞了音律。朱文濟也因此被太宗冷落。
3. 宋徽宗趙佶不僅書畫出眾，琴藝也是一絕。他曾設立萬琴堂，搜集天下名琴，其中就有唐代古琴「春雷」。據傳，靖康之變徽宗、欽宗被俘後，萬琴堂中的名琴也被運往金國。另，宋徽宗還創作了名畫〈聽琴圖〉，畫的是松下撫琴、聽琴的場景。〈聽琴圖〉現藏於故宮博物院。
4. 宋人熱愛古琴，中國現存最早的琴曲專著《琴史》也誕生於宋朝，作者朱長文。書中收錄了從先秦到北宋的一百五十六位古琴名家，包括孔子、師曠、伯牙、子期、嵇康、司馬相如、陶淵明等。《琴史》對宋朝文人影響極大，如今耳熟能詳的學問家如蘇軾、范仲淹、歐陽修等，都是琴藝高手。

5. 嵇康是曹魏末期的音樂大家，創作了〈長清〉、〈短清〉等曲，相傳〈孤館遇神〉也是嵇康所作。現存文字作品中只有明代《西麓堂琴統》記載了〈孤館遇神〉及其背景故事。

# 七夕篇

# 一年中，又一個逛街的好日子

李小娘子的生日是七月初三，每年她生日這一天，汴京城已經籠罩在喜慶的氣氛中了。誰讓她就出生在七夕前幾天呢！七夕在當時可是個大日子，民間幾乎都會提前三五天準備迎接這一天的到來。李小娘子也算變相沾了七夕的光，有種滿城的熱鬧都是為了迎接她生日的錯覺。

或許是受這種節日氛圍的影響，早在李小娘子生日當天，孫姑娘就興致勃勃跟她相約，七夕早上十點在龍津橋會合，逛街購買乞巧用的物品。

此處有必要強調一下，在宋代，七夕僅僅是乞巧節，與現如今「情人節」的概念沒有一絲一毫的關係。如果一定要賦予這個節日其他的意義，那應該就是「少女節」吧。女孩們會在七夕當天晚上搭彩樓，舉辦乞巧儀式。對重女紅的古代婦女來說，乞巧的意義非同尋常。

李小娘子雖然不喜愛女紅，但乞巧這個儀式她還是很重視的。她和其他女孩們不一樣，不是為了求織女賜自己一雙巧手，她純粹是為了有機會出去玩。這不，她還沒收拾好呢，她媽已經讓婢女來提醒好幾次了，讓她趕緊上街買東西去。

李夫人拿了點錢給女兒，叮囑：「有喜歡的衣服可以多買幾身，妳最近就穿得有點素，該添置新衣服了。哦對，『磨喝樂』人偶也可以多買幾個。」

「知道啦，妳要是不放心可以跟我一起出門。」

「分身乏術，我還得盯著果子局和菜蔬局準備今晚宴會的事呢。今晚我們家會來一些親戚，吃飯的人多。還有乞巧儀式，搭彩樓什麼的，這可是最重要的事。」

提到乞巧儀式，李小娘子提醒她媽：「別忘了給我準備乞巧用的蜘蛛。」

「忘不了。行了，妳快出門吧，不早了。這幾天街上很堵，再不去晚上趕不回來吃飯了。」

「知道啦。走了，再見。」

在老媽的嘮叨聲中，李小娘子帶著喜悅又期待的心情出門了。

七夕熱鬧，李小娘子早就做好了大街上人擠人的準備，可一到目的地，她還是傻了眼——眼前這人山人海的樣子，都快趕上春節了！她總算知道，為什麼孫姑娘約她在龍津橋見，而不是市集的中心區域潘樓街。因為，馬車根本進不去！

李小娘子下了車，去了她和孫姑娘約定的店舖。

孫姑娘正在喝茶，看到李小娘子，起身揮手：「妳怎麼才來啊，我都等了好一會兒了。」

「我也不想遲到的，誰知道今天人這麼多！」

「來，先喝口茶潤潤喉，我們還得抓緊時間辦正事呢。」

李小娘子趕緊喝了口茶，還沒休息夠，慘兮兮地被孫姑娘拉著去擠人群了。

龍津橋附近有很多賣「磨喝樂」人偶的，其中一家店舖開的時間久，她們每年都會光顧。老闆早就跟她們相熟了，一見老顧客進門來，笑嘻嘻迎了過去。他把今年最流行的磨喝樂全都拿了出來，讓她們盡情挑選。

李小娘子按照她媽媽的叮囑，每種樣式各買了一個。她最喜歡撐荷葉造型的磨喝樂，買了兩對，其中一對送給了孫姑娘。

選完磨喝樂，兩人開開心心出了門。很巧的是，她們剛走了沒多遠，就見幾個小朋友撐著荷葉在街上走，樣子像極了她們手裡的那對磨喝樂。這是當時的一種習俗，七夕當天孩童們會穿上新衣服，撐著荷葉模仿磨喝樂的樣子，圖個吉利。

進了潘樓街主幹道，熱鬧的氣息更濃烈了。街上搭了很多彩色的帳篷，裡面賣的是七夕最常見的觀賞植物，叫「種生」。店家把綠豆、小麥等放入瓷瓶泡水，種子會長出幾寸高的芽，他們用紅色和藍色的彩線把芽捆束，七夕當天拿出來售賣。

孫姑娘看什麼都新奇，儘管她每年七夕都會出來逛很久，不到吃晚飯的時間根本不捨得回去。不過今年不太一樣，她早已不是小孩子了，她媽提出今晚的乞巧儀式讓她來主持，姑家和姨家的表姐妹都會來她家裡聚會，所以她吃完中飯就得回去。巧的是，李小娘子今晚也有飯局，沒辦法去閨密家蹭飯了。

兩人在龍津橋附近隨便找了個舖子，墊了幾口午飯，各自回家了。

李小娘子的馬車裡幾乎被她採購的東西填滿了，有新衣服、磨喝樂、花瓜、黃蠟鳥獸玩具，還有一盆給她媽帶的「種生」。

## 小知識

1. 在宋代，七夕是一個大型的購物節日，幾乎每家每戶都會出門採辦。汴京城裡的市集人山人海，車水馬龍，到天黑才會散去。如《醉翁談錄》中提到的，「七夕，潘樓前買賣乞巧物。自七月一日，車馬嗔咽，至七夕前三日，車馬不通行，相次壅遏，不復得出，至夜方散」。

2. 磨喝樂是宋朝最流行的泥娃娃，是一種用土製的人偶，造型多種多樣，栩栩如生。無論是皇室貴族還是尋常百姓，都會在七夕當天購買磨喝樂，供奉牛郎織女。因這種玩偶風靡一時，名家製作的甚至能賣出數千文錢。《東京夢華錄》記載：「七月七夕，潘樓街東宋門外瓦子、州西梁門外瓦子，北門外、南朱雀門外街及馬行街內，皆賣磨喝樂，乃小塑土偶耳。」

3. 「種生」是古代七夕的風俗，如《東京夢華錄》載：「又以菉豆、小豆、小麥於磁器內以水浸之，生芽數寸，以紅藍彩縷束之，謂之『種生』。」

# 與愛情無關，今夜只屬於女孩們的狂歡

李夫人有幾房親戚最近在汴京作客，她心情好，就把大家都叫來家裡吃飯了，親戚家的幾個表姐妹正好可以給李小娘子作伴，晚上一起乞巧。

往年李小娘子要嘛是去孫姑娘家過節，要嘛就是和她媽還有婢女們小範圍熱鬧一下。在她相熟的那群朋友中，要數孫姑娘家的七夕最有氛圍。孫姑娘家的親戚大部分都住在汴京城內，一到節假日，表姐妹們就喜歡扎堆往她家跑。加上孫姑娘家有錢，節日都辦得很有排場。

晚飯前，李姑娘焚香沐浴，換上了剛買的漂亮衣服。她到客廳的時候，客人們基本上都到了。她的幾個姨母好久沒見她，拉著她說了好久的話，一直誇她漂亮，誇得她都有些不好意思了。聊天的空檔，她看見客廳擺著她帶回家的磨喝樂，還有米酒、糕餅、水果等。姨母和表妹們邊吃邊喝，有說有笑。

姑家的表姐問李小娘子：「妳今晚乞巧的蜘蛛準備好了嗎？」

「準備好了，妳們呢？」

「也都準備好了。」

姨母家表妹對李小娘子說：「我第一次在汴京城過七夕，這兒的七夕好熱鬧，跟我們老家不太一樣。」

「以後有機會常來玩。」

「好啊。我媽說上元節更熱鬧，到時候我來找妳們一起賞燈。」

「沒問題。」

姑娘們聊得很投機，歡聲笑語不斷。

李小娘子有點餓了，遲遲沒見要開飯的跡象。她忍不住拿了個果子吃，結果沒吃幾口，婢女就來通知開飯了。

李夫人招呼客人們到了餐廳。菜一一上來，李小娘子感嘆，今年七夕她爸媽真是下了血本了，端上來的無一不是大菜。這也是有親戚在家吃飯的好處，她爸要面子，一有外人在就講究排場。去年她都沒見有什麼好吃的，純靠各種小吃來撐肚子。

宴席如此豐富，客人感受到了主人家的熱情，吃得都很開心。李小娘子心情很美妙，和表姐妹小酌了幾杯。沒過多久，姑娘們都有點上頭了，但是很開心。適當的酒精刺激了她們的表達欲，大家聊得更嗨了。

按照七夕習俗，飯後李小娘子和表姐妹們互相贈送了糕點。她一伸手，表姐看她指甲塗了粉嫩的紅色，問：「這是哪家買的花汁，顏色真好看。」

李小娘子得意：「不是買的，前陣子和閨密去郊外採了鳳仙花，搗碎了自己做的。」

「真好看，顏色太自然了！」表妹讚不絕口。

「我房間還剩了不少花汁呢，要不我幫妳們塗點？有興趣嗎？」

「當然有！」

姑娘們笑著，打鬧著，嘻嘻哈哈去房間塗指甲了。李夫人則盯著下人在院子裡搭彩樓，給姑娘們乞巧用。她吩咐婢女把磨喝樂和花瓜、酒炙、筆硯、針線等東西一起搬到院子裡，再把拜織女用的香案也搬出來。

院子裡忙得熱火朝天，李小娘子的閨房裡也沒閒著。姑娘們互相染指甲，有說有笑，熱鬧得很。她們補了妝，抹了香膏，戴了最好看的頭飾，上上下下照了十幾遍鏡子，確保自己真的很好才出門。

長輩們已經把彩樓和香案準備好了，小輩姑娘們紛紛拿出平日裡做的繡活，擺在桌案上陳列。李小娘子繡工一般，她放的那條手絹是在她媽的監督下反覆繡了好久的，期間還扎了好幾次手。跟表姐妹們精緻的香囊、荷包等繡品比起來，她的著實有些遜色，怪不好意思的。

不一會兒，月亮出來了，在長輩們的催促下，姑娘們紛紛上前，燒香叩拜織女，完成了乞巧的第一個儀式。燒完香，她們接過婢女遞來的針線，在月亮下穿針。這是自古流傳的習俗，誰穿針快，代表她有一雙巧手。當然，月下穿針這一環節李小娘子從不抱期望，就她那點手藝，能把線穿進針眼就已經很不錯了，速度什麼的，那是奢望。

和李小娘子預想的一樣，表姐妹們早就完成任務了，只有她忙活許久，最後還是在婢女的幫助下才完成了穿針的活。唉，她好像又丟人了……

忙完這一切，大家總算閒了下來，李小娘子尷尬的穿針局面也被時間化解了。她整理好心情，和姑娘們圍坐在彩樓邊，喝酒賞月，吟詩對詞。

差不多到了午夜，狂歡會接近尾聲。長輩們取出早已準備好的蜘蛛，交給了各自的女兒。晚上睡覺前，姑娘們要把蜘蛛裝在一個精緻的小盒子裡，明天早上起來，誰的蜘蛛織出的網是圓形的或者端正的形狀，代表誰「得巧」了，這也是乞巧儀式的目的。

得不得巧的，李小娘子也不怎麼在意，她只要學會自己感興趣的技能就行了。

## 小知識

1. 宋代女子會在七夕這一天互相贈送紅雞、果食、時新果品等。此外，當時還流行用搗碎的鳳仙花汁塗指甲，有詩云：「七月七日侵曉妝，牛郎廟中燒股香。君不見東家女兒結束工，染得指甲如花紅。斜簪茉莉作幡勝，鬢影過處繞香風。」

2. 關於七夕乞巧風俗，《東京夢華錄》記載，北宋人「至初六日、七日晚，貴家多結彩樓於庭，謂之『乞巧樓』。鋪陳『磨喝樂』、花瓜、酒炙、筆硯、針線，或兒童裁詩，女郎呈巧，焚香列拜，謂之『乞巧』」。

3. 七夕晚上，婦女們會在月下穿針引線。她們還會捉來活的蜘蛛，放在精緻的小盒子裡，第二天早上再打開。誰的蜘蛛若是結成了密密的圓形蛛網或者非常端正的網，就意味著「得巧」了。

# 習字篇

孫姑娘今天心情不太好，因為她接連被她兩個哥哥嘲笑，說她字寫得不好看。

事情的起因是這樣的，孫姑娘她爸請回家的教書先生給他們兄妹三人布置了詩詞作業。作業批改完，先生評價孫姑娘的詞寫得還湊合，就是這個字不太湊合，需要加強練習。被先生這麼一說，孫姑娘尷尬極了，偏偏她兩個哥哥不給面子，挨個「欣賞」了她的作品，一邊欣賞還一邊點評，臉上的戲謔都快溢出來了。孫姑娘很生氣，她知道自己的字寫得一般，但他們也沒必要這麼不給面子吧！

下了課，孫姑娘把自己關在房間生悶氣。結果沒過多久，婢女來喊她了，說是她爸叫她過去一趟。她爸一向疼她，她本來想順便告個狀，說哥哥們欺負她。誰知，她爸把她叫去的目的是批評教訓，說她好歹是個知書達理的大家閨秀，字寫得太醜，太不像話……

孫姑娘欲哭無淚。她的字只是不好看而已，哪裡醜了！用得著一個個都來取笑她嗎？不過她的反抗無效，她爸說了，讓她接下來半個月哪裡都不許去，在家好好練字，什麼時候先生說她的字過關了，什麼時候才能出門。

於是，孫姑娘的「禁足」生活就這麼開始了。她爸還給她送了一堆供臨摹的名家字帖，有顏真卿的〈多寶塔碑〉、柳公權的〈神策軍碑〉、張旭的〈古詩四帖〉等。面對這一堆字帖，孫姑娘腦子都快炸了，她能把字寫工整已經很不錯了，她爸還指望她臨摹書法？簡直是開時代大玩笑……

就這麼鬱悶了半天，孫姑娘忽然想起，李小娘子字寫得特別好，朋友圈中有口皆碑。與其讓她枯燥地對著一堆字帖臨摹，不如讓閨密來一趟，手把手教她！說不定她能快速學成，狠狠打她哥的臉！

打定主意，孫姑娘拿出一張花箋給李小娘子寫了封信。她自己看了一遍信上的字，搖頭嘆氣。說實話，這字確實挺不雅觀的，跟她如花似玉的臉不太配。

李小娘子家住得不遠，信送出不到兩個小時，李小娘子就到了。孫姑娘看到了救星，兩眼放光，撲過去抱著閨密訴苦：「妳總算來了，我該怎麼辦，妳快幫幫我。我爸這是要整死我啊！」

「沒妳說的那麼嚴重，不就是練個字嘛。」李小娘子在信裡大概知道是怎麼回事了。只是她沒想過，習字對她來說不難，對孫姑娘來說就是一種折磨了。就好比讓她去投壺一樣，誰苦誰知道。

李小娘子打開了隨身帶的行囊，把裡面的東西一一取出。除了她的個人用品，還有幾本字帖和幾支毛筆。孫姑娘一看就明白了，李小娘子這架式，看來今晚是要住在這裡。

果不其然，李小娘子說：「再過幾個小時天就要黑了，我今晚就不回去了，專心陪著妳習字。」

「嗚嗚嗚還是妳好，我爸訓了我，我兩個哥哥非但不幫我說話，還笑話我。」

「所以妳更應該努力把字練好啊，不然以後他們得經常笑話妳。」

孫姑娘嘆了口氣：「唉！妳說得對。那我們開始吧。」

李小娘子選了其中一支毛筆遞給孫姑娘：「這支羊毫筆是我專門用來練字的，比一般毛筆重一些，能鍛鍊手腕力量。」

孫姑娘掂量了幾下，手感還不錯，但她知道用起來肯定會比普通毛筆費勁。她走到書桌邊，很自覺地開始研墨。她手邊放著的，除了筆墨紙硯，就是她爸給的那堆字帖。

李小娘子拿起那些字帖翻了翻，忍不住笑：「這些書法家的作品對妳來說難度有點大，妳還是先寫好楷書吧，適合女孩子。」說著，李小娘子把她自己帶來的一本字帖遞給孫姑娘。孫姑娘一看，是衛夫人的〈名姬帖〉。

「衛夫人是女子，她的簪花小楷古樸自然，很適合女孩子臨摹。而且她是王羲之的書法老師，千古第一女書法家。妳把她的〈名姬帖〉臨摹好了，妳爸肯定不會再說什麼了。」

孫姑娘不太相信：「真的？」

「妳爸給妳這麼多字帖，不是真要妳全部學會，而是希望妳的字能好看些。」李小娘子隨手舉起一本字帖，揶揄她，「以妳現在的基礎，要學寫草聖張旭的字，那不是癡人說夢嗎？沒個七、八年妳能寫出這樣的字，那是見鬼了……」

連著被父親和兩個哥哥打擊之後，現在又迎來了閨密的吐槽，孫姑娘突然好想大哭一場。可她不得不承認，李小娘子說得很有道理，她爸給她的那些字帖她是不可能在十五天內學好的。唯一的辦法就是像李小娘子說的那樣，先把難度指數低一些的簪花小楷學好再說。

婢女拿了泡茶工具來，李小娘子在一旁碾茶葉、點茶、喝茶，悠然從容。孫姑娘臨摹了半天字帖，手腕又痠又疼，叫苦連天。她想偷個懶，剛把筆放下，李小娘子瞥了她一眼，她又默默拿起筆，繼續生無可戀地寫字。

她問李小娘子：「妳會寫幾種字體啊？」李小娘子從小跟著她爸習字，書法造詣在同齡人中屬於佼佼者。平時她們書信往來，李小娘子寫小楷居多，她竟然不太清楚閨密會寫幾種字。

李小娘子隨口回答：「也沒幾種，我都是挑自己喜歡的學。」

「我想看看，妳來寫幾個。」孫姑娘把毛筆遞給她。

李小娘子喝完杯中茶，隨手寫了幾個字。孫姑娘認出了，這是王羲之〈蘭亭序〉中的一句話。〈蘭亭序〉被當朝書法家米芾稱為「天下第一行書」，真跡早已失傳，傳說是被唐太宗帶入陵墓殉葬了。李小娘子寫的，應該是前朝書法家臨摹的版本。

而李小娘子接下來寫的，孫姑娘就更眼熟了，正是她書桌上的字帖之一，草聖張旭的〈古詩四帖〉。她萬萬沒想到，閨密居然會寫狂草，還寫得這麼好！

「啊啊啊，親愛的妳太厲害了！我什麼時候才能寫出妳這麼一手字！」孫姑娘激動。

「妳也不看看我練了多少年了，從小沒少挨我爸打。」

「妳再寫幾個我看看。」

李小娘子又提筆寫下一行字。這一次孫姑娘完全沒認出來，瞇著眼打量很久。

「猜不出來了，這是？」

「是蔡邕的〈熹平石經〉。實不相瞞，我最喜歡的還是蔡邕的字。不過我寫得不怎麼樣，我哥臨摹蔡邕書法才是一絕呢。」

聽李小娘子提到李郎，孫姑娘臉一紅。心想，她的心上人書法這麼好，她卻是個渣渣，不合適……為了能和他比肩而立，她得更努力才是！

於是，孫姑娘不再廢話，老老實實繼續練字了。

**小知識**

1. 衛夫人是王羲之的啟蒙老師，也是中國第一位女書法家，據傳她師承於三國時期著名書法家鍾繇。衛夫人擅寫楷書，作品有〈名姬帖〉、〈衛氏和南帖〉等。關於衛夫人的師承，《法書要錄》記載：「蔡邕受於神人，而傳與崔瑗及女文姬，文姬傳之鍾繇，鍾繇傳之衛夫人，衛夫人傳之王羲之，王羲之傳之王獻之。」

2. 唐代書法家張旭擅長狂草，因其狂逸的書法特點，被世人稱為「草聖」，和另一狂草書法家懷素齊名，並稱「顛張醉素」。其代表作是〈古詩四帖〉和〈肚痛帖〉。

3. 〈蘭亭序〉是書聖王羲之的作品，文中記錄了他和友人蘭亭聚會遊玩之事，北宋書法家米芾稱其為「天下第一行書」。唐太宗李世民尤愛王羲之的墨寶，書法界傳聞，〈蘭亭序〉的真跡就在太宗的陵寢中，後世所見的版本，均為歷代書法家臨摹作品。

4. 蔡邕，東漢著名書法家，才女蔡文姬之父。據傳，漢靈帝派蔡邕將儒家七經刻在石碑上，歷時八年才完成，即〈熹平石經〉。蔡邕的石刻完成後，曾轟動一時，臨摹者絡繹不絕。〈熹平石經〉也是中國刻於石碑上最早的官定儒家經本。

# 雙陸篇

李小娘子原計畫在孫姑娘家住一晚上，簡單指點一下她習字的技巧，第二天一早回家。她沒想到的是，孫姑娘在文墨方面的確缺根筋，她費了好大的勁，甚至手把手教了幾次，孫姑娘的字才小有起色。等她回到家，已經是三天以後了。

孫姑娘感激閨密雪中送炭，專程派馬車把她送到了家門口。她一下車，看見堂哥的馬車停在旁邊的巷子裡。聽她的婢女說，李郎本來是想來找她討論棋局的，誰知她不在家。正好李老爺今天閒著，見侄子來了，就拉著他打雙陸。

婢女問李小娘子：「雙陸難嗎？我之前跟妳去太平樓吃飯，看見客人玩過幾次，貌似有點複雜啊。」

「不太難，不過我玩得也不好。」李小娘子說，「規則比圍棋多。」

雙陸不比圍棋和象棋，遊戲規則相對複雜。李小娘子身邊的朋友，但凡弈棋能力強的人，雙陸玩得都不怎麼樣。唯獨她的堂哥李郎是個例外，他玩什麼棋都游刃有餘。早年間，李小娘子圍觀過李郎跟人玩雙陸，手法精準，十局九勝。只是她不知道，原來她爸也愛玩這個。她得去好好瞧瞧。

李郎見李小娘子來了，邀請她觀戰。

李小娘子瞄了一眼，只見黑白子各十五枚，位置錯亂，棋盤旁還放著兩枚骰子，也不知現在到底誰領先一步。按照遊戲規則，黑白雙方輪流擲骰子，黑棋自上左向右，然後向下右向左，白棋自下左向右，然後向上右向左，期間雙方還得互相博弈，吃對方的棋子，先到終點的一方贏。

李小娘子一頭霧水，搖頭嘆氣：「又要用骰子，又要用腦子，這遊戲太刁鑽了，得實力和運氣並存才能贏。」

對於李小娘子的評價，她爸哈哈大笑：「妳不是一向自詡腦子好嗎？怎麼讓妳打雙陸就不行了？」

「因為我不喜歡賭運氣啊。你們可能不知道，市井中有不少研究雙陸的人，其中不乏高手，他們是靠這個來賭錢的，很多賭坊現在都有開雙陸局。」

李老爺納悶：「妳怎麼知道的？難不成妳還去賭過？」

李小娘子知道自己說錯話了，趕緊閉嘴。平日裡，她和孫姑娘無趣的時候，會抽空去賭坊小玩幾把，不過玩的不是雙陸。

還好李郎為李小娘子解了圍，他說：「叔叔你太小瞧妹妹了，妹妹學識淵博，過目不忘，她知道的東西可不少。雙陸她不太會玩，但是關於雙陸的典故她能說出一堆。」

李小娘子拚命點頭，趕緊接過李郎的話給她爸洗腦：「你要對你的女兒有信心，我讀史書多，對雙陸還是很熟悉的。雙陸在前朝貴族階層那可是風靡一時，比如說，女皇帝武則天就是個雙陸高手，還有唐中宗的韋皇后，她也喜歡打雙陸。」

武則天晚年時期，對於把皇位傳給李姓一族還是武姓一族這個問題，很是糾結。於是她召見了狄仁傑，問他：「我最近總是夢見我雙陸輸了，這是為什麼？」狄仁傑猜到了她的意思，說：「雙陸輸了，代表無子，這是上天給陛下的警示啊！」然後順著打雙陸的話題，狄仁傑說服了武則天把皇位傳給兒子，也就是李姓一族。

聽李小娘子說完這個歷史典故，李老爺頗為欣慰，他女兒畢竟是汴京城小有名氣的才女，歷史典故什麼的，那還不是信手拈來嗎？心情一好，他就把疑心李小娘子是不是去賭過錢的事拋到了九霄雲外，又問她：「這一局雙陸，妳覺得我們倆誰會贏？」

李小娘子仔細看雙陸盤，搖頭：「不知道。我水準有限，單看這牌局表面，還真看不出來。要是孫姑娘在就好了，她打雙陸是我們圈中翹楚，屢戰屢勝。我想，她肯定能一看就看出其中玄機。」

「她會打雙陸？沒聽她哥提過啊。」李郎覺得奇怪。他認識孫姑娘的兩個哥哥，他們對此一竅不通，怎麼妹妹就如此厲害？

李小娘子沒好意思說孫姑娘是在賭坊學會的，畢竟孫姑娘暗戀她哥，她得在她哥面前給閨密留點面子。於是她隨口胡謅：「去酒樓吃飯的時候學的，酒樓玩這個的人很多。」

「原來如此。」

汴京城中稍大一點的酒樓基本上都設有雙陸棋盤，客人在酒樓宴飲或候餐的時候，都會玩上幾局。先前李郎在太平樓吃飯，也經常跟趙公子打雙陸，所以他壓根沒懷疑李小娘子說的話。

李老爺讓女兒盲猜，押誰輸誰贏。李小娘子給她爸面子，押她爸贏，儘管她內心堅定地認為她哥的技術更棒。其實李郎和李老爺技術都不錯，不相上下。兩人僵持了一會兒，最終李郎險勝一步。

「哥，厲害厲害！我都沒看清楚，你的子就走到盡頭了。」李小娘子感嘆。

李郎說：「孫姑娘最近幹嘛？既然妳說她是打雙陸的翹楚，我倒是想跟她玩一盤。」

「別提了，她字寫得不太好，正被她爸關禁閉習字呢。等她解禁了我約她。」

「好。」

聊了會兒，李小娘子給他們泡茶。三人喝了半天茶，吃完中飯李郎才離開。臨走時他告訴李小娘子，他今天來找她還有一件事，趙公子約他們兩天後去秋遊，讓她做好準備。

聽到秋遊二字，李小娘子後知後覺意識到，時間過得真快，中秋節就快到了。

**小知識**

1. 玩雙陸需要用到兩個骰子，一個骰子有六個面，兩個骰子就是雙六，「六」通「陸」，這就是雙陸遊戲名字的由來。宋代洪遵在《譜雙》提到，雙陸有四名，「日握槊、日長行、日波羅塞戲、日雙陸，蓋始於西竺，流於曹魏，盛於梁、陳、魏、齊、隋、唐之間」。

2. 雙陸在唐代有著不一般的影響力，當時很多文學藝術作品中都能見到雙陸的影子，如唐代畫家周昉的〈內人雙陸圖〉描繪了貴族婦女下雙陸棋的畫面，這幅畫現被收藏於美國弗利爾美術館。

3. 武則天是雙陸資深愛好者，《新唐書．狄仁傑傳》中記載了她和狄仁傑關於「夢見雙陸輸了」的故事；唐中宗的韋皇后也深諳此道，《舊唐書．后妃傳》記載了她和武三思打雙陸的事。

4. 雙陸在隋唐時期只在貴族階層流行，到了宋朝，由於民間娛樂方式逐漸多樣化，雙陸在市井中也慢慢流行開來。汴京很多酒樓都設有雙陸棋盤，供客人們消遣玩耍。

5. 宋朝流行各種棋牌類遊戲，據記載，雙陸在那時也會被用於賭博，因此有不少人專門研究雙陸，藉此獲利。

# 飲酒篇

秋高氣爽，李小娘子和她表姐開開心心坐馬車去郊外秋遊。除了她們姐妹倆，參加這次秋遊活動的還有李郎、趙公子，以及趙公子的小表妹。

李小娘子已經很久沒出過汴京城了，她和孫姑娘雖然比一般閨中女子愛玩，但活動範圍僅限於城內，尤其是京城最繁華的商圈潘樓街。而這一次秋遊，他們不僅出了城，還準備在外面過夜。前些天李郎就跟她說過行程安排：下午去半山看瀑布賞紅葉，晚上在附近住一宿，第二天吃完午飯回家。

至於為什麼要留宿外面，那是因為他們郊遊的地點是汴京城附近的一座名山，坐馬車回家得半天路程。為了有充分的時間賞景，唯一的辦法就是夜宿山腳下的小鎮。

山上風景絕美，楓葉全都紅了，遠遠望去紅色和黃色交織，明亮又豔麗。大家玩了一天，很開心卻也很累。等他們帶著一身疲憊抵達住宿的客棧，太陽已經落山了。他們住的這個地方雖說是個小鎮，但十分繁華，大概是因為依託京城的緣故。

李郎一開始說今晚住這兒的時候，李小娘子還有點擔心，鎮上的客棧住宿條件會不會不好。直到踏進客棧，李小娘子著實意外了。這裡雖然比不上汴京城的大酒樓，但服務十分周到，該提供給客人的東西應有盡有。客棧周圍還有一圈賣酒的鋪子，燈火通明，生意異常好。

李小娘子知道，那些零售酒的鋪子，就是她之前總聽人提起的「腳店」。按照宋朝的榷酒制，正店才有釀酒權，腳店只能從正店批發酒出來賣。她猜測，這個鎮上賣酒的鋪子，應該都是從汴京城裡批發來的酒。畢竟離得近，運輸成本低。

一行人安頓好，陸續下樓，準備點菜吃飯。玩了一整天，大家都餓壞了。李小娘子是第一個下樓的，李郎看她坐在窗邊看外面的酒鋪，以為她是饞酒了，他這個妹妹最大的愛好是寫詩作詞，而每次寫作前總喜歡小酌一杯。

李郎問：「想不想來一壺，我們喝點？」

「就我們倆喝？」

趙公子接話：「我也喝點。」

坐在一旁的另外兩個女孩——趙公子的表妹和李小娘子的表姐，也都紛紛表示想喝。於是，兩位男士出門買酒，姑娘們坐著聊，商量一會兒玩什麼酒令遊戲。

等到男士們買酒回來，李小娘子驚了，他們竟然在店家的幫助下搬回了七、八

古香芸帶歲月
宣和印看與物
高樓百尺軒而
戊辰新正月
御筆

（北宋）屈鼎〈夏山圖卷〉

個酒壺，每個酒壺大概一斤的量。

「客官慢點喝，喝完把酒壺給我送回來就行。不夠再來買哦。」店家很熱心，打過招呼就回去繼續賣酒了。

李小娘子一看酒壺上貼的字，有羊羔酒、紅麴酒、荔枝酒、黃柑酒、流霞酒、碧光酒……她問李郎：「怎麼買這麼多？」

「妳平時都在叔叔嬸嬸的看管下，難得出來一次，還不得喝個夠啊。」李郎拿起其中那壺羊羔酒，打開塞子，給李小娘子滿上。他一邊倒酒一邊說：「我記得妳喜歡喝羊羔酒。這個鎮子上的酒都是從汴京城的正店運出來的，味道和妳平時喝的一樣，妳肯定喜歡。」

李家表姐提議：「乾喝酒沒意思，我們來猜枚吧！」

大家一致同意。

猜枚是酒令中比較簡單的一種，把瓜子、蓮子、棋子等藏在手心，讓人猜單雙數或者顏色，猜錯了就得喝酒。

李小娘子問店家要了一把瓜子，她先藏瓜子，其他人猜。趙公子和李家表姐沒猜對，各喝了一杯。趙公子喝的是當下汴京城最流行的流霞酒，出自高陽店。高陽店釀酒聞名汴京，價格自然也不便宜。喝完，趙公子對流霞酒讚不絕口，推薦李小娘子一會兒也試試。

第二輪和第三輪遊戲，李小娘子都輸了，她分別喝了羊羔酒和流霞酒，覺得流霞酒確實更好喝。不過她喝慣了羊羔酒，對這種味道已經有了依賴。

玩了一圈猜枚，李郎提議換個玩法，試試最近比較流行的「九射格」。這個遊戲跟投壺有異曲同工之妙，考驗的是六藝中的「射」。李小娘子是個投壺渣渣，玩九射格自然好不到哪去。又一圈遊戲下來，她差不多把李郎買回來的酒都喝了個遍。要不是她酒量好，恐怕已經趴下了。

趙家表妹酒量最差，飯還沒吃幾口就開始犯暈了，李家表姐只好扶她上樓先休息。

李小娘子還沒盡興，讓表姐安頓好趙家表妹趕緊下來接著玩。接下來兩個小時，他們玩了藏鉤、射覆等各種酒令遊戲，直到月亮升起，依然捨不得散場。馬上就是中秋節了，月亮接近正圓，在這郊外的小鎮看月亮別有一番滋味。

這次跟李郎他們出來郊遊，李小娘子看到了飛瀑流雲、漫山紅葉，聽到了泉水涓涓、深山鳥鳴，還感受到了在鎮上小酒館喝酒的恣意和自由，她心情豁然開朗，即興寫了兩首詞。

直到客棧打烊，他們才帶著醉意回房睡覺。

## 小知識

1. 宋朝飲酒文化興盛跟當時實行的榷酒制有密切關係，榷酒制涉及釀酒權、酒水和酒麴買賣權、酒稅等。這類對釀酒行業進行專賣的制度為宋朝政府帶來了大量的酒稅收入，也促進了民營酒業的蓬勃發展。〈清明上河圖〉中就繪有不少大型酒樓、小型酒肆，以及百姓賣酒飲酒的熱鬧畫面。

2. 《東京夢華錄》中提到的正店和腳店都是宋朝酒樓文化發展的產物，其中「正店」有釀酒權，「腳店」沒有釀酒權，只能從正店批發酒用以零售。

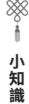

3. 酒文化的盛行推動了釀酒技術的發展，因此，宋朝酒的種類也達到了新高。上文提到的羊羔酒、紅麴酒、荔枝酒、黃柑酒、流霞酒、碧光酒等，都是當時有名的品種。此外，宋朝還有專門對酒分門別類的書籍，如《酒名記》。據史料記載，宋朝名酒品種有兩百八十種之多。

4. 宋朝酒令遊戲多，猜枚是其中比較簡單的一種，在《水滸傳》中出現過。唐朝比較流行的酒令遊戲有藏鉤、射覆等。

5. 「九射格」也是宋朝酒令遊戲的一種，創造者是當時著名的文學家歐陽修。九射格考驗的是六藝中的「射」，玩法跟投壺類似。道具是一個畫有老虎、熊等各種動物的靶子，每種動物都對應飲酒的數量，玩遊戲的人根據自己射中的動物喝酒。

# 蹴鞠篇

中秋節前四天，陽光明媚，秋風和煦，李小娘子在婢女的陪同下出門了。她答應了趙家表妹，今天下午陪她一起去看蹴鞠比賽。

趙公子、趙家表哥、李郎，還有其他幾個相熟的男性友人都是汴京某球社的隊員，平日裡他們閒來無事會去蹴鞠。而每年中秋節前後，汴京的幾個球社會舉行聯誼賽。既然是聯誼賽，那當然需要啦啦隊……

李小娘子不懂蹴鞠，但趙家表妹睜著水靈靈的大眼睛央求她，務必要去給她的哥哥們加油啊！李小娘子不忍心拒絕，想著她最近都在家「癱」著，時間多的是，於是答應了。

李小娘子剛走到大門口，還沒上車，孫姑娘的信箋又送到了。自從被關禁閉，孫姑娘幾乎每天寫小紙條跟李小娘子吐苦水，李小娘子都習以為常了。她打開信箋一看，孫姑娘說她最近練字小有成果，她爸很開心，不過又提了新的要求，她正一臉呆住，希望汴京好閨密李小娘子能去陪她共度難關。

李小娘子很為難，站在馬車前猶豫不決。李老爺剛外出回來，見她皺著眉頭，問是怎麼回事。李小娘子如實相告。

李老爺說：「朋友的事就是自己的事，確實應該幫忙。但妳答應趙家表妹在先，『信』字為大，還是去看蹴鞠比賽吧，明天再去陪孫姑娘。」

李小娘子覺得她爸說得對。她已經答應了趙家表妹，卻沒答應孫姑娘，凡事得講信用。再說了，她不能讓孫姑娘太依賴別人，得學會自己處理事情。

想通之後，李小娘子果斷踏上馬車，去了球場。臨走前，她讓婢女替她跑一趟孫家，把情況跟孫姑娘說清楚，免得她等著急了。

球場就在城內，離李小娘子家不遠。她到的時候，趙家表妹還沒來，不過球社的隊員們已經在熱身了。李郎遠遠看見了李小娘子，跑過來找她說話。

「妳怎麼來了？我記得妳不懂蹴鞠。」

「是不懂，陪趙表妹來看熱鬧，給你們加油助力。我是不是很善良？」

李郎大笑。兄妹倆聊了一小會兒，他的隊員深情地呼喚他趕緊歸隊，要商量比賽事宜了。

趙家表妹姍姍來遲，拉著李小娘子找了個位置坐下，準備觀賽。

「姐姐妳真好，聽我哥說妳不太懂蹴鞠，卻還是願意陪我來。」趙家表妹很貼心，「既然這樣，我給妳簡單說一下蹴鞠是怎麼回事吧，方便妳一會兒看比賽。」

趙家表妹很認真地給李小娘子「科普」：「很久以前，蹴鞠還不叫蹴鞠，叫蹋鞠，這個運動大概是在戰國時期廣為盛行，但是直到西漢才有『蹴鞠』這一叫法。蹴鞠的『鞠』字是實心球的意思，因為古時候的鞠是實心的，在皮革裡面填滿動物毛髮，縫合成球狀。到了我們這個朝代，『鞠』的變化很大，大多數是用動物膀胱做的，裡面也不充毛髮，而是充氣。

「蹴鞠的玩法有兩種，一種叫白打，一種叫築球。這兩種玩法的最大區別就是，白打是沒有球門的，築球的球場中間會設一個三丈高的球門。」

李小娘子不解：「有球門的玩法我了解，跟馬球差不多，以進球為評判標準。沒有球門的，怎麼評定輸贏？」

「有裁判啊。兩邊隊員在場地範圍內各自展現球技，表演一些高難度動作，比如拐、搭、控、捺、拽等，裁判在場外負責打分。動作更標準、難度指數更高的一隊，得分就更高。」

聽趙家表妹這麼一介紹，李小娘子大概明白了。她有馬球基礎，球類運動都有

（明）商喜〈明宣宗行樂圖〉（局部）

共通之處，無非就是力求動作行雲流水，進球快狠準。

這時候，場上裁判吆喝聲一響，第一輪比賽開始了。裁判宣布，這次聯誼賽以築球為主，三局兩勝。在築球之前會有一場「白打」熱身賽。

兩邊隊員有序進場，他們分別紮著紅色和藍色的頭巾。李郎和趙公子他們在紅隊，不過藍隊也有幾個李小娘子認識的隊員，她朋友張小姐的哥哥就在藍隊。

「白打」以觀賞性為主，所以很能博人注意力。紅藍兩隊各派了六個隊員出戰，每個人都使出了渾身解數，恨不得把這輩子所學都表演一遍，其中還有一個隊員不小心扭傷了腳，下場換了個人。不過這個小插曲並不影響比賽的精采。

場外歡呼聲不斷，很多小姐姐甚至搖著手絹尖叫。李小娘子覺得，蹴鞠比賽比她想像中要精采多了。

熱身賽結束，正經的築球比賽開始了。由於築球比較側重競技，跟白打相比更加緊張刺激，趙家表妹全程抓緊了手絹，手心開始冒汗，就連李小娘子一個不懂蹴鞠的人都把心提到了嗓子眼。

場上賽況越來越刺激，場下歡呼聲越來越強，兩隊勢均力敵，比分始終控制在很小的差距範圍內。最終，李郎和趙公子沒有辜負妹妹們的期待，不僅他們所在的紅隊贏得了比賽，他們也幫本隊得了不少分。

趙家表妹看李小娘子看得很起勁，心想她應該也是喜歡看蹴鞠的，便約她中秋後繼續來看比賽。李小娘子欣然應允。

## 小知識

1. 漢朝以前，蹴鞠叫「蹋鞠」。「蹴鞠」這一叫法最早出現在《史記‧扁鵲倉公列傳》，書中記載，西漢時身為「安陵阪里公乘」的項處，因迷戀「蹴鞠」，雖患重病仍不遵醫囑繼續外出蹴鞠，結果不治身亡。
2. 宋朝蹴鞠分「白打」和「築球」兩種比賽方式。「白打」不設球門，兩邊隊員表演蹴鞠的各種動作技巧，由裁判打分定勝負。「築球」設球門，輸贏以進球多少為準。《東京夢華錄》記載了築球比賽的情況：「左右軍築球，殿前旋立球門，約高三丈許，雜彩結絡，留門一尺許。」

3. 蹴鞠在宋朝能那麼快流行開來，不只是因為當時的經濟發展，還因為統治階層的鼓勵。宋朝有好幾個皇帝是蹴鞠愛好者，如宋太祖、宋太宗、宋徽宗等。朝中不少官員也是蹴鞠高手，後人熟知的如丁謂、高俅，高俅更是因為蹴鞠水準高超而得到了宋徽宗的賞識。

4. 北宋畫家蘇漢臣的〈宋太祖蹴鞠圖〉描繪了宋太祖、宋太宗和大臣們蹴鞠的場景。原作已失傳，現存的這一版本是元朝錢選的臨摹品。

# 中秋篇

# 沒有酒的節日是不完美的

今天，孫姑娘「雙喜」臨門。一是她半個月禁足期終於結束了，二是中秋節到了，她可以趁著節日出去好好玩一天，把這半個月想吃而沒吃到的美食全都吃一遍！她哥為了慶祝她解除禁足，近半個月前就在樊樓訂了個無敵觀景包廂，好讓她開開心心賞月過節。

孫姑娘清早就外出了，她倒是沒什麼重要的事，做為一個半個月沒出過門的人她單純想逛逛街，吸一吸汴京城裡熱鬧的空氣。馬車在街上慢慢走著，她掀起簾子隨意看了幾眼，發現街上大大小小的酒樓酒鋪全部都在售賣新釀的酒。而那些大型酒樓，門口迎賓的彩樓也全都煥然一新，上面的旗子上寫了一個大大的「酒」字。買酒的客人們來來往往，人聲鼎沸，看樣子生意是極好的。

孫姑娘感嘆：「難怪說我朝人們愛喝酒，是真的愛喝啊！好像過什麼節日都喝酒。」

婢女說：「那可不，剛才我們經過的高陽店，還有會仙酒樓，掛著的酒旗都已經摘下來了。」

「為什麼摘下來？」

「這是咱們汴京城酒樓業的風俗。中秋賣新酒，賣完就把旗子摘下，以便客人區分。」

孫姑娘一路觀望，發現確實有幾家酒樓門口沒有掛酒旗，想必是因為生意好，酒早就賣完了。

馬車行至朱雀門，孫姑娘看到兩個熟悉的身影：李小娘子和李夫人。

「停車停車。」孫姑娘叫停馬車，趕緊跑過去叫住李小娘子。

李小娘子轉身，很驚喜：「呀，親愛的妳居然出門了。」

孫姑娘不開心：「最近妳都不來看我！說好的同甘共苦呢？非但不來陪我練字，還在我禁足的時候去秋遊，去看蹴鞠……」

說著說著，孫姑娘開始委屈。秋遊、蹴鞠，那可都是她喜歡的活動。尤其是秋遊，她都好幾年沒去汴京城外的地方秋遊了。

李小娘子笑：「妳吃什麼醋啊，活動又不是我舉辦的，而且我早就答應人家了，總不能言而無信吧？好啦，中秋後我再帶妳去看一次蹴鞠比賽還不行嗎？」

聽她這麼說，孫姑娘心情才稍微好一點。她問：「你們是出來買酒的？」

「酒我爸早就買好了，我們隨便逛逛，順便買點螃蟹和水果。」

孫姑娘看見李家的僕人手裡果然拎著幾袋螃蟹，還有石榴、葡萄、橘子等水果。每年中秋是螃蟹上市的季節，這時候的螃蟹最為肥美，孫姑娘看得饞了，讓婢女也去買點。她邀請李小娘子：「我哥晚上在樊樓訂了觀景包廂，過節賞月，妳和妳哥一起來吧。」

李小娘子為難：「可是我家今晚有宴會，我得幫我媽招呼客人。」說著，李小娘子看了李夫人一眼。每年中秋節他們家都會舉辦宴會，在汴京城內居住的親戚會來她家過節。今天一大早她媽就張羅布置了，亭台樓閣都掛上了綵燈，院子裡還搭了個賞月的台子。

李夫人看出李小娘子想去參加閨密的聚會，笑著說：「沒事，家裡有我呢。你們年輕人去玩吧，少喝點酒，別醉醺醺回來就行。」

「遵命！一定不喝醉！」李小娘子很開心。

孫姑娘也很開心，早就把剛才的委屈拋到九霄雲外去了，她朝李小娘子擠擠眼：「那今晚必須來哦。我聽說在樊樓的高層包廂裡，晚上能聽到宮中傳來的音樂聲呢。」

這一說法李小娘子也聽說過。她沒去過宮中，不知道宮裡傳來的音樂聲會是什麼樣的，因此十分期待。

孫姑娘拉著李小娘子聊了會兒。幾分鐘後她婢女買螃蟹回來了，再加上街上人實在太多了，擠來擠去的不方便，她只好先跟李小娘子告別。

不過一會兒工夫，又有幾家酒樓的酒旗被摘下來了。孫姑娘嘖嘖稱讚，果然啊，對汴京人來說，沒有酒的節日是不完美的。

## 小知識

1. 中秋以前叫「仲秋」，最早出現於《周禮》，是由古人祭拜月亮的傳統演變而來的。到了北宋，中秋節才被正式定為八月十五這一天。宋太宗把端午、中秋和元旦定為當時的三大節日。
2. 每年中秋汴京城的酒樓都會售賣新釀的酒，《東京夢華錄》記載：「中秋節前，諸店皆賣新酒，重新結絡門面彩樓花頭，畫竿醉仙錦旆，市人爭飲。至午未間，家家無酒，拽下望子。」
3. 中秋吃螃蟹的傳統自古就有，因中秋時節螃蟹正好上市。如《東京夢華錄》載：「是時螯蟹新出。石榴、榅勃、梨、棗、栗、孛萄、弄色棖橘，皆新上市。」

# 年輕人的通宵狂歡，千年前就有了

李小娘子和李郎抵達潘樓街的時候，整條街已經沸反盈天了。天色暗下來，各大酒樓前掛著五顏六色的花燈，構成了街上最搶眼的風景線。看花燈的人、吃飯喝酒的人、逛夜市的人絡繹不絕，摩肩接踵。李小娘子上一次見到這麼熱鬧的場景還是在端午節。

李郎說：「前天我想訂太平樓的包廂都訂不到，孫姑娘竟然能訂到樊樓的包廂，太不容易了。」

「前天訂就太遲了，汴京人有中秋外出賞月的傳統，特別是年輕人，都喜歡去酒樓聚會呢。我聽孫姑娘說，她哥半個月前就預訂了樊樓。」

「怪不得。那明年我也得提前訂才是。」

二人說著話，在人流中走進了樊樓。小二看見客人進門，熱情地迎接他們，帶他們去了孫家訂的包廂。孫姑娘和她的兩個哥哥都在，他們正在看菜單點菜。李家兄妹一進來，他們趕緊把菜單遞過去，問他們想吃什麼。

李小娘子點了上次想吃但是沒吃到的湯骨頭和薑蝦，並叮囑，一定要有螃蟹。

孫姑娘笑著說：「放心，我第一個點的菜就是螃蟹！中秋怎麼能不吃螃蟹呢！」

她一說螃蟹，她二哥就搶答：「幸虧我一早就預訂了螃蟹。你們都不知道，中秋節樊樓的螃蟹有多暢銷，簡直供不應求。」

「沒關係，我白天逛街的時候買過螃蟹了，大不了回家吃。」

「不一樣不一樣，這裡的螃蟹比街市上賣的至少大一倍，蟹黃肥美得很。當然，價格也貴了不少。」

大家一邊聊天一邊賞景。他們的包廂在三樓，東邊和南邊的牆都開了大窗戶，一眼能看見整條街的花燈和熙熙攘攘的人群，還能聽見附近瓦肆傳來的樂曲聲。

潘樓街一帶有很多瓦肆，中秋節晚上的節目比平日裡豐富，因此一票難求。很多年輕人會在這個時候跟朋友們出來看表演，甚至有不少人會看通宵場。

孫姑娘聽到曲聲，分辨出了那是她喜歡的一齣戲劇。她問李小娘子：「吃完飯我們要不要去看節目？」

李小娘子還沒說話，孫家大哥就打斷了妹妹：「怕是妳想看都看不了。稍微大一點的勾欄，中秋場根本買不到票，至少得提前三、四天。妳應該早說的。」

孫姑娘很遺憾。李小娘子說：「沒關係，我覺得在這裡喝酒賞月就挺好。這兒應該是樊樓視野最好的包廂之一了，良辰美景不能浪費。」

李郎附和：「不錯，我們可以來幾壺美酒，對飲吟詩，賞燈賞月。」

李郎這話，孫姑娘覺得很有道理，儘管她吟詩作詞的能力很一般。

酒菜陸續端了上來，李小娘子一看那托盤中的大螃蟹，吃了一驚。孫二哥說的不錯，這樊樓賣的螃蟹比她白天買回家的要大多了，一看就很肥美。孫姑娘拿了一隻給她，拿了一隻給李郎，讓他們趁熱吃。

李小娘子點了上次喝過的流霞酒，大家一邊喝酒一邊吃螃蟹，十分愜意。他們吃到一半的時候，外面的樂曲聲和鼓聲越來越大，依稀能聽出是從宮廷的方向傳來的。

「哇，原來傳聞是真的，中秋夜在樊樓的高層包廂真的能聽到宮裡的樂曲聲。」孫姑娘感嘆。

孫二哥不以為然：「這個不一定是宮裡傳來的，也許是其他大戶人家在搞中秋狂歡會呢。」

他說的不無可能。住在內城的權貴人家大多會在家裡舉辦大型宴飲聚會，走在街上能聽見絲竹聲、鼓聲、唱曲聲……不絕於耳。

李小娘子家和孫姑娘家今晚都有活動，由她們的媽舉辦，不少親戚會來他們家裡過節，焚香拜月，祈求一年事事順遂。而她們的老爸都去參加宮裡的宴會了。每年中秋宮裡會舉行盛大的宴會，六品以上官員都會去參加，君臣同樂，一起飲酒吃宮餅。

時間一分一秒過去，越晚街上的人反而越多。孩童們也都在這一天得到了最大的歡愉，家長允許他們出門找同伴，在弄堂裡通宵玩耍嬉戲。所以聽到樓底下有孩子們的叫聲，大家也並不覺得奇怪，而且很羨慕——他們已經長大了，不能再像這些孩子們一樣恣意地宣洩心中的快樂了。

酒過三巡，孫姑娘帶著些許醉意說：「我聽說很多人晚上會在汴河放水燈，我也想去。」

孫大哥答應：「好，我們帶妳去。」

「放完水燈我們去哪裡玩？」

「放完水燈我該回家啦，」李小娘子說，「我答應我媽，十二點之前要回家的。今晚我們家後院有祭月儀式，我要陪我媽祈福。」

孫姑娘這才想起來，她爸也讓她回家參加祭月儀式。中秋節本就來源於古人祭月的傳統，因此大家都很重視焚香祭月。

為了能準時趕回家，吃完飯大家離開了樊樓。他們要去汴河放水燈、看畫舫了。

**小知識**

1. 中秋節在宋朝是非常重要的節日，無論是市井百姓還是王公貴族，都有各自過節的儀式。《夢粱錄》記載：「至如鋪席之家，亦登小小月台，安排家宴，團圓子女，以酬佳節。雖陋巷貧窶之人，解衣市酒，勉強迎歡，不肯虛度。」民間尚且如此，宮裡則會舉行更盛大的宴會，六品以上官員都得出席。宴會上君臣會一起吃宮餅，也就是當時的月餅。

2. 宋人很重視中秋焚香拜月的儀式，如《醉翁談錄》：「中秋，京師賞月之會，異於他郡。傾城人家子女，不以貧富，自能行至十二三，皆以成人之服飾之。登樓，或於中庭焚香拜月，各有所期。」

3. 吃月餅的風俗自古就有，不過那時候不叫月餅，宮裡宴會上吃的叫宮餅，民間吃的叫小餅。蘇軾在詩中曾寫過，「小餅如嚼月，中有酥與飴。默品其滋味，相思淚沾巾」。

4. 放水燈也是宋人中秋的習俗之一，主要見於南宋時期杭州城。如《武林舊事》載：「此夕浙江放『一點紅』羊皮小水燈數十萬盞，浮滿水面，爛如繁星，有足觀者。或謂此乃江神所喜，非徒事觀美也。」

# 美妝篇

上午，李小娘子正在書房練字，她媽派人來喊她，說她客居汴京的表姨一家要回老家了，讓她去接待一下，晚上給他們餞行。李小娘子收拾好筆墨，隨婢女出門。

李小娘子的表姨家住江陵府，端午之後他們一家三口來了汴京，主要是為了把那位將在汴京讀書參加科考的表弟安頓好。如今表弟安頓好了，讀書學習也上了正軌，表姨和表妹自然也要回去了。汴京的房租和生活成本都不低，長期生活在這兒對他們來說有些壓力。

到了客廳，李夫人和表姨正在閒話家常。表妹看見李小娘子來了，過來拉著她的手，滿臉不捨。李夫人說晚上設家宴招待表姨一家，讓李小娘子帶表妹去逛逛街，買點禮物。

李小娘子從頭到尾打量了表妹一遍，說：「我先帶妳去化個妝吧，既然要出去逛街，當然得打扮得美美的。」

表妹愉快點頭。年輕女孩子天生就愛美，何況她剛一來汴京就覺得李小娘子的打扮很時尚，羨慕了好久。

到了閨房，李小娘子打開她的化妝箱，準備給表妹化妝。表妹一看，忍不住哇了一聲。只見化妝箱裡除了化妝鏡和梳子，還有各種胭脂、眉筆、口紅、染甲液、香水等，她第一次見到這麼豪華的化妝箱。她感嘆：「汴京女孩果然時尚，表姐妳的化妝箱比我們江陵府姑娘的豐富多了。」

李小娘子很自豪：「汴京美妝鋪子很多，妳要是喜歡，化完妝我帶妳上街買一套，就當是送妳的告別禮物。」

「謝謝表姐，那我就不客氣啦。」

「跟我客氣什麼，有空常來玩。我們先上妝吧。」李小娘子拿起粉底給表妹化底妝，完美的底妝可是精緻妝容最重要的一步。

宋朝的女孩們都喜歡白白淨淨的妝容，她們常用的粉底是鉛粉。其中最有名的鉛粉產自廣西桂州，又被稱為桂粉。除此之外，還有用石膏、滑石、蚌粉等材料製作的粉底。粉底的作用就是讓姑娘們看著白淨，打造冰肌玉骨的天然美感。

表妹的皮膚本來就白，用粉底一修飾，更顯得皮膚光滑細嫩。李小娘子很滿意，不愧是大名鼎鼎的桂粉，價格比普通粉底貴一些也是值得的。

完成底妝，李小娘子從化妝箱中取出了一款適合表妹膚色的胭脂。她和孫姑娘平時就喜歡囤各種色號的胭脂，看心情和出席場合選色號。表妹皮膚比她更白，因此她選了個粉嫩的顏色。她取了一小點胭脂，放在手心輕輕暈開，均勻塗在了表妹的雙頰。

表妹看見鏡子裡的自己白裡透紅，像朵嬌豔欲滴的花兒，不由得羞澀：「表姐妳化妝水準真棒，把我化得太好看啦，我都不敢認自己了。」

「那是妳本來長得就好看啊。」李小娘子說，「我朝女子喜歡化淡妝，突出天然美，妳這妝容就很天然。」

「這倒是。我看很多古畫上，前朝女孩們化妝都很濃，有的女孩甚至將胭脂塗滿整個面頰。」

「那叫紅妝，在唐朝可是很流行的。」一邊說著，李小娘子一邊拿出她的畫眉套裝，盯著表妹的眉毛思考。

表妹的眉毛濃而黑，李小娘子給她簡單修了下，然後開始描眉。她準備給表妹畫一個頗有風情的倒暈眉。

（宋）蘇漢臣〈妝靚仕女圖〉

眉毛好不好看很影響整體妝容，因此，選什麼眉筆尤為重要。

隋唐最流行的眉筆叫做「黛」，其中最為人熟知的就是產自波斯的螺子黛。在黛出現以前，古時的女子是用燒焦的柳枝描眉的。而宋朝的妹子們用的眉筆很奇特，是用墨石做的，叫畫眉墨。無論是黛還是畫眉墨，價格都不便宜，當時很多貧困人家的女孩子仍然會用燒焦的樹枝或木炭來代替眉筆。

眉毛畫完，基礎面妝就差最後一步了，那就是唇妝。李小娘子不僅擅長化唇妝，而且會做口紅。那時候的口紅叫口脂，是用硃砂和蜂蠟做的。硃砂用量不同，做成的口脂色號就會不一樣。李小娘子選了緋紅色的口紅，給表妹點了個櫻桃唇。遠遠望去真的就像半熟的櫻桃一樣，我見猶憐。

李小娘子放下口紅，越看越滿意。沒想到她不但能給自己化妝，還能把別人化這麼好看。這技術，跟去年比又進步了不少啊！

李小娘子給了表妹一面手拿銅鏡，讓她近距離再看看，有沒有什麼不滿意的地方。表妹當然是十分滿意的，左看右看，怎麼都覺得好看。她說：「我覺得已經很好啦，謝謝表姐。下次妳教我化妝吧，這妝容比我自己化的好看多了。」

「沒問題。走吧，我們逛街去。既然妳喜歡我的化妝品，那我就照著這個給妳準備一份。回到江陵府，妳也可以每天把自己打扮得美美的出去聚會。」

想到以後自己也能化出這麼精緻的妝容，表妹別提有多興奮了。

臨出門前，李小娘子不忘拿了孫姑娘送她的香水，給表妹噴了幾下。那香水是從大食國進口的薔薇水，價格貴不說，還不一定買得到。據說汴京城的香水舖子每次一到就會斷貨，十分暢銷。

李小娘子用香水很頻繁，家裡只剩半瓶薔薇水了，現在去街上也不一定能買到同款。如果買不到，她只能退而求其次，購買汴京人自己製作的朱欒花水送給表妹。朱欒花水也是她喜歡的香水之一，她覺得香味比起薔薇水，並不遜色。

姐妹倆都噴了香水，心情很好，香噴噴的一起出去逛街了。

## 小知識

1. 古人最早的粉底是用米做的，可惜米粉容易脫落，人們又與時俱進發明了鉛粉，「洗盡鉛華」一詞中的「鉛」指的就是鉛粉。但是鉛粉有毒，用久了氣色不好。到了宋朝，出現了用石膏、滑石、蚌粉等製成的粉底。明朝時期，用紫茉莉種子製作的「珍珠粉」、用玉簪花苞製作的「玉簪粉」等風靡一時。

2. 唐朝女子喜愛濃妝，宋朝女子則喜歡素妝，不過遇到莊重的場合，她們也會用豐富的花鈿貼面。宋朝皇后像中常見的珍珠貼面妝就是從花鈿演變而來的。

3. 隋唐流行用黛畫眉，宋朝女子多用畫眉石。宋朝的《雲麓漫鈔》記載：「前代婦人以黛畫眉，故見於詩詞，皆云：『眉黛遠山。』今人不用黛而用墨。」而正文中提到的倒暈眉，是歐陽修《洛陽牡丹記》中記載的一種眉形。

4. 宋朝最流行的香水是從大食國進口的薔薇水，這種香是從薔薇花中提煉的，《鐵圍山叢談》記載：「異域薔薇花氣馨烈非常，故大食國薔薇水雖貯琉璃缶中，蠟密封其外，然香猶透徹聞數十步，灑著人衣袂，經十數日不歇也。」

# 演出篇

李小娘子家今晚很熱鬧。因表姨一家明天要走，晚宴的餐食非常豐富，比起中秋節那天晚上，有過之而無不及。李小娘子的爸媽陪表姨聊天，李小娘子準備帶著表妹出門看演出去。

她們白天在東郊樓街逛的時候，表妹被桑家瓦子門口貼的海報吸引了，上面寫著晚上七點半有雜技表演。表妹停在海報前癡癡看了一會兒，很是羨慕。她的老家江陵府雖然也有零星幾個瓦舍，但是節目表非常單一，除了說書就是弈棋，沒有一個是她的「菜」，她也從來都沒看過其他類型的演出。一想到明天就要離開繁華的汴京，她心裡難免有些失落。

李小娘子看出表妹很想看雜技表演，嘴上沒說什麼，但偷偷讓婢女去找孫姑娘，讓她找她二哥幫忙訂票了。孫二哥是汴京城各大瓦舍的常客，他有辦法買到位子最好的票。婢女去了一個多小時，回來後告訴李小娘子已經辦妥了，並且孫姑娘也想來湊熱鬧，晚上跟她哥一起過來。她約李小娘子七點在桑家瓦子不見不散。

表妹事先不知道李小娘子這一安排，當李小娘子拉著她出門，說是去桑家瓦子看雜耍的時候，她高興得差點叫出聲來。表姐對她真是太好了，白天逛街給她買了一整套價格不菲的化妝品，晚上還帶她去看雜技演出。這麼一來，她更捨不得離開了。

李小娘子和表妹準時抵達桑家瓦子，正好孫姑娘的馬車也到了。在吃喝玩樂這一方面，孫姑娘一向很守時。

孫二哥率先跟李小娘子打招呼：「晚安啊。聽說妳表妹明天就要離開汴京了，今晚看戲我請客，算是給美女餞行。」

孫二哥財大氣粗，李小娘子並不打算跟他客氣，點頭：「好啊。只是請看雜技演出嗎？請不請宵夜？」

「不只雜技演出，我買了好幾場票呢。至於宵夜，只要你妳們想吃，我當然請。」

李小娘子笑了：「開玩笑的，能看幾場演出已經很好了。你都買了哪些票，我看看。」

孫二哥展示了一下他買的幾場票。分別是七點半的雜技、八點半的說書、九點的馴獸表演和十點的女子相撲。其中女子相撲是孫姑娘強烈要求的，瓦舍的表演林林總總，她最愛看的就是馴獸和女子相撲。

表妹看見這些門票，露出驚訝的表情，問李小娘子：「這裡居然有馴獸表演？」

孫二哥搶答：「汴京城的馴獸表演全國聞名，很多來這兒的外國人都讚嘆不已呢。一會兒妳就能見到，有馴熊的、馴狗的，還有馴鸚鵡的，可好玩了。」

聽孫二哥這麼一介紹，表妹心馳神往。三個女生跟著孫二哥進入瓦舍，對號入座。他們聊了幾句，表演也就開始了。

（明）佚名〈明憲宗元宵行樂圖〉（局部）

汴京城娛樂行業很發達，雜技的種類一年比一年多。早些年只能看到頂碗和耍槍，最多來個胸口碎大石，如今還能看到表演噴火的和高空飛躍的。表妹沒看過危險指數這麼高的演出，全程心驚膽戰。

雜技演出結束，離下一場說書開場還有十五分鐘時間。李小娘子渴了，拉著姑娘們去買飲料。桑家瓦子非常大，分好多不同的勾欄，一眼望去人山人海，有不少做生意的小販在勾欄之間穿梭。李小娘子買了幾碗荔枝膏水，喝完又趕緊帶她們進去。今晚看表演的人太多了，稍不注意可能就會被人群衝散。

表妹對這麼多做生意的人穿梭在瓦舍裡的現象很好奇，這也是她在家鄉從未見過的。

孫姑娘見表妹一直張望，好心給她「科普」：「汴京城的酒樓和瓦舍包容性都很強，除了這些賣東西的小販，還有唱曲、算卦的、理髮的……總之妳能想到的服務行業，這裡基本上都有。我哥說得對，在瓦子裡妳會覺得時間飛快，一整天不出去都待得住。」

表妹很嚮往，又問：「汴京城的瓦舍是不是很多？」

「當然。除了桑家瓦子，比較有名的還有中瓦子、裡瓦子、朱家橋瓦子、新門瓦子。其中要數中瓦子的蓮花棚勾欄、牡丹棚勾欄，裡瓦子的夜叉棚勾欄和象棚勾欄最大，能同時容納幾千個人看表演。」

「這裡的瓦舍，每天都有演出嗎？」

「是啊，每天都有，無論颳風下雨，從不間斷。除非生意不好倒閉了。」

「噗……」

談笑間，說書要開始了，孫姑娘帶領大家入場找座位。這一場說書，講的是關羽刮骨療毒的故事。表妹小時候就聽家裡長輩說過這個故事，不過在瓦舍裡聽說書先生說起，又是一番滋味。說書先生很會渲染氣氛，表妹聽得一愣一愣的，不由得膜拜說書先生的水準。

孫姑娘告訴表妹，這些演出在汴京只能算九牛一毛，有名氣的藝人實在太多了，下次有機會一定要看大明星任小三的杖頭傀儡戲，保證她大開眼界。

其實不用等到下次，接下來開場的馴獸表演和女子相撲已經足夠讓表妹大開眼界的了。馴獸就不用說了，又驚險又刺激，而且很有趣味性，馴鸚鵡的時候，表妹全程哈哈大笑。女子相撲就更讓她感到意外了，她總算明白為什麼孫姑娘這麼喜歡看女子相撲，真的是別有風情。

表妹感嘆：「原來女孩子的美不只是淡妝濃抹、閨房女紅，我看台上相撲的那幾個小姐姐真的好『颯』，力量也是一種美啊。她們那麼有氣勢，比男子還孔武，我都羨慕她們。」

孫姑娘點頭：「我也很羨慕。我要是有那麼強大，誰敢欺負我我就打回去。」

李小娘子差點一口水噴出來，孫姑娘的關注點每次都很神奇。

幾場演出看完，孫姑娘還想拉著大家去逛馬行街夜市，她自從上次被關禁閉之後，出門的機會不多。不過李小娘子還是委婉拒絕了，表妹明天要早起趕路，不能睡太晚。孫姑娘表示理解，只好悻悻而歸。好在重陽節就快到了，屆時她還有機會出去浪。想到這點，她又滿血復活了。

## 小知識

1. 北宋時期，瓦舍得到了空前發展，遍布全國各大城市。汴京城內比較有名的瓦舍有桑家瓦子、中瓦子、裡瓦子、朱家橋瓦子、新門瓦子、保康門瓦子等。《東京夢華錄》中提到，「內中瓦子蓮花棚、牡丹棚，裡瓦子夜叉棚、象棚最大，可容數千人」。

2. 「勾欄」是指瓦舍中給觀眾看表演的看棚，因此後人用「勾欄瓦舍」來稱呼宋朝的娛樂演出場所。在這裡能看到的表演種類很多，除了文中提到的幾種，還有雜劇、皮影、傀儡戲、舞蹈、滑稽戲等。

3. 相撲又稱「角抵」，在北宋已經非常盛行了，女子相撲比男子相撲更受歡迎，《夢粱錄》記載：「瓦市相撲者，乃路岐人聚集一等伴侶，以圖手之資。先以女颭數對打套子，令人觀睹，然後以膂力者爭交。」宋仁宗就很喜歡看女子相撲，為此司馬光還特地寫了一篇〈論上元令婦人相撲狀〉上奏，說這種表演有傷風化。

4. 瓦舍門口一般都會張貼海報，上面寫著演出的節目的名字、表演者的名字、表演時間等。這種海報在當時叫做「招子」。

# 重陽篇

## 本以為是父母的狂歡，沒想到與我也有關

李小娘子這一輩的年輕人不怎麼注重過重陽節，他們的狂歡日比如端午、七夕、中秋等，有好吃的好喝的，還能光明正大地組團出門玩耍。但是父母輩對重陽節可是非常重視的——九月九日重陽節，「九九」通「久久」，對他們而言，這是非常有意義的一天。

一到重陽日，各大禪寺都會舉行齋會，寺廟中人潮湧動，熱鬧程度一點都不比過年差。李夫人向來虔誠，像這種齋會她是一定要去的。早幾年李小娘子也跟著去過幾次，她嫌人多，今年不想去湊這個熱鬧了。

這個重陽節，李小娘子沒有任何安排，想安靜地在家癱著。眼看著她爸媽忙忙碌碌，她卻幫不上什麼忙。就拿她爸來說吧，早上起來她就看見她爸興致盎然地指揮僕人們擺放菊花，似乎哪一盆擺在哪個地方都很有講究。

李老爺是陶淵明的鐵桿粉絲，從小熟讀陶淵明所有的詩詞散文，並且十分羨慕他老人家「採菊東籬下，悠然見南山」的生活。因此，李老爺愛屋及烏，對菊花的癡迷溢於言表。

汴京城在重陽當天彷彿是一個菊花的盛會，各大店舖會把最新的菊花品種拿出來賣，有些罕見的顏色能賣出很高的價格。城中有專門培育菊花的大型花園，這一天也會向遊客開放，供人欣賞。李家院子裡原本就有不少菊花品種，但李老爺不滿足，還是會在重陽一大清早上街，親自淘寶。李小娘子看她爸這架式，應該是從街上搬回了不少寶貝。

果然，李老爺一看見女兒起床，便拉著她欣賞自己的「戰果」。他給李小娘子介紹：「這盆粉色的叫桃花菊，黃色的叫金鈴菊，花蕊像蓮蓬的叫萬齡菊。這些品種的菊花比較常見，但只有重陽才會有品相最好的售賣。看那盆綠色的，全新品種，以前從來沒見過。」

李小娘子指著綠色的菊花問：「得不少錢吧？」

「還好，買心中所愛，貴有貴的道理。」

父女倆賞菊花聊天，不亦樂乎，全然沒注意到李夫人來院子了。李夫人咳嗽兩聲提醒，李老爺回頭，一看老婆來了，又自豪地給她介紹了一遍他新買的菊花。他問：「今天汴京城最大的菊花園開門，妳有沒有興趣陪我去賞花啊？」

李夫人說：「興趣是有的，只是今天我和朋友約了一起去參加齋會，齋會結束還得去開寶寺圍觀獅子會。」

「好吧，那妳沒眼福了。」李老爺又問女兒，「妳呢？有空陪我去賞花嗎？」

李小娘子剛想說她有空，閨密孫姑娘不期而至，笑嘻嘻地出現在了她家院子裡。

「妳怎麼這麼早來我家？」李小娘子驚呆了。孫姑娘的生活「鹹魚」得很，她是沒事絕不早起的人。重陽節又不是她的狂歡日，她早起湊什麼熱鬧？

孫姑娘笑得很神秘：「來接妳出去玩啊。重陽不是有登高賞景的風俗嗎？我們出城吧，去山上賞秋景。」

李小娘子不解：「妳哪來的興致？」

「我哥他們去，我也想跟著去。但是我一個女孩子去沒意思，妳跟我一起吧。」

李小娘子看了一眼她爸，意思是「不是我不想陪你去賞花，我這也是臨時有別的事情」。李老爺秒懂，揮揮手：「那妳們去玩吧。」

得了應允，李小娘子很高興，她讓孫姑娘等她一會兒，她去房間收拾一下就過來。

孫姑娘是客人，大過節的來家裡，李夫人當然不好意思讓人空著手回去。她招呼孫姑娘去客廳，拿了一份蒸糕給她。這蒸糕一看就很好吃，上面插著小彩旗，還撒了杏仁和栗子。這是宋人的傳統，在重陽節前一天親朋好友就互相贈送「重陽糕」了。李夫人昨天就讓廚房做了一批，這一份是特地給孫姑娘留著的。

除了蒸糕，李夫人還拿了一袋水果和其他糕點給孫姑娘：「妳們外出登高宴飲，肯定得吃東西。這些都帶著吧。」

「謝謝阿姨，妳想得真周到。」

李夫人忽然想起什麼，又拿了一壺菊花酒給孫姑娘，讓她都帶著去。李老爺愛喝菊花酒，家裡每年都會釀不少。每逢重陽節的晚上，他會帶上幾壺去同僚家參加派對。

李小娘子很快收拾好了，她和孫姑娘帶著李夫人給的一大包吃食，興致高昂地出門了。

## 小知識

1. 重陽節自古就有賞菊花的風俗，北宋年間汴京城有專門培育菊花的園子，重陽這一天會舉辦賞菊大會，對遊客開放。《東京夢華錄》記載：「九月重陽，都下賞菊，有數種，其黃白色蕊若蓮房，曰『萬齡菊』；粉紅色曰『桃花菊』；白而檀心曰『木香菊』；黃色而圓者曰『金鈴菊』；純白而大者曰『喜容菊』，無處無之。」

2. 北宋年間，汴京各大禪寺會在重陽節這一天舉辦齋會，只有開寶寺和仁王寺會舉行獅子會，僧人們會坐在獅子座上聽法師講說。這兩個禪寺重陽當天遊客很多。

3. 從魏晉開始，重陽節喝菊花酒就成為一種傳統。陶淵明在他的〈九日閒居〉就有提到，「余閒居，愛重九之名。秋菊盈園，而持醪靡由，空服九華，寄懷於言」。

4. 親友間互相送蒸糕也是重陽節的傳統，重陽蒸糕種類很多，如麵糕、黃米糕等。宋人喜歡在蒸糕上面插小彩旗，直到現在南方有些地區依然保留著這一習俗。

# 與今年的秋天做個告別

馬車緩緩離開李家大門，李小娘子坐在車上發呆，忽然覺得有點冷。自從表妹離開汴京，她已經好久沒出門了。在家宅著的時候她沒有發現，秋天正在離他們遠去。好在出門前她加了件衣服，她媽又給她拿了件斗篷，不然一會兒到山上得凍死。

孫姑娘穿得多，她的斗篷尤其厚實，一看就是做足了準備的。她說：「登高賞秋一向是男生們的事，他們體力好，能爬山。往年我都不湊熱鬧的，我哥他們一個勁攛掇我去，我就想，還是別給自己留遺憾了。過了這幾天，今年就看不見漫山紅葉的美景了。」

說起漫山紅葉的景色，上次秋遊的時候李小娘子就見過，確實很美。不過一想到五彩繽紛的秋天很快就要離去，李小娘子多少有些傷感。

馬車進了鬧市區，一聲聲叫賣拉回了李小娘子的思緒，她多愁善感的靈魂也得到了安撫。她掀起簾子一看，只見大街上好多店鋪和攤子都在售賣菊花，紅色、粉色、白色、黃色……應有盡有。不只菊花盆栽，還有菊花酒、菊花糕等。

孫姑娘拍了拍放在旁邊的包袱，很得意：「幸好妳媽媽都準備了，不然我現在還得下車去買菊花酒還有糕點什麼的。我哥特地叮囑的，說他們要在山上一邊喝酒一邊賞景。」

「妳那兩個哥哥呢？」

「在城門口的茶鋪等我們呢。不過不用急，讓他們等著吧。今天街上人多，我們慢點走，安全第一。」

今天人確實很多。宋朝是一個重視節日的朝代，

（北宋）郭熙〈溪山秋霽圖〉

只要是個節日，基本上都會放假。據統計，宋朝每年的法定節假日多達一百多天，其中春節、寒食、冬至等大節日放假七天，上元、中元、夏至等節日放假三天，以及春分、端午、七夕、重陽這些小節日各放假一天。一放假，大家自然也就出門了。

而且重陽節的街上能看到一個非常奇妙的畫面，來往的男人基本上都簪花，女人簪花的卻極少。大大小小的酒樓在這一天也都煥然一新——店家們用菊花紮成門戶，以慶祝節日。

看著那些簪花的男人，孫姑娘後知後覺想起一件事。她從包包裡拿出兩個香囊，遞了一個給李小娘子：「這是我媽給我的茱萸囊，裡面裝了茱萸子。我媽說，我們去山裡，戴著這個可以驅蟲避邪。」

「妳媽媽想得真周到。」

「她也是經我爸提醒才想起來的。今天一早我還看她穿戴一新，出門會友去了，說是約了去看獅子會。」

「真巧，我媽也跟朋友去看獅子會了。每年重陽我爸媽都很忙，我爸妳看見了的，一直折騰他新買的菊花呢。」李小娘子問，「對了，妳爸呢，今天做什麼活動？」

孫姑娘想了想，「我不太清楚，聽說是要去宮裡參加宴會，射箭宴飲什麼的。」

李小娘子也聽說過，重陽節的宮廷聚會，好像是有射箭這麼一項活動。

她們聊著天，車慢慢行駛過鬧市區，到了城門口。孫姑娘下馬車，去茶舖喊了正在等她們的兩個哥哥，大家優哉游哉出城去了。

為了避開人群，孫大哥這次特地選了離汴京城稍遠的一處山丘，那兒的山不怎麼陡，適合帶女孩兒們一同出遊。去年他們去過一次，覺得那裡比起愁台、梁王城、硯台等著名登高景點，風景並不差多少。

兩個姑娘今天穿得都比較幹練，方便爬山。她們本以為山路會非常難走，到了目的地才發現其實還好，山路相對寬敞。更難得的是，一路走來他們碰上的遊客沒那麼多，不用跟太多人分享同一處風景。

很快，大家爬到了山頂。孫大哥指著遠處的紅葉，對兩個女生說：「妳們看那邊，楓葉還是很漂亮的。不過這已經是今年最後的秋色了，過了重陽節它們就都要凋謝了。」

李小娘子說：「那就趁它們還沒凋謝，我們好好喝酒賞景吧。」

孫二哥找了一個平坦的大石頭，打掃乾淨。孫姑娘拿出一塊絹布鋪在石頭上，然後把李夫人給的菊花酒和吃食在上面一一擺放好。大家席地而坐，就著糕點邊聊天邊喝酒。

孫小姐抱怨：「這山上還是有點冷的，幸好我們都帶了斗篷。」

「前天霜降，再過不久就立冬了，天氣會越來越冷。」孫大哥說，「冬天妳就別想出門浪了，好好在家練字吧。」

一提到練字，孫姑娘就閉嘴了，她根本不想接這話。

一陣風吹來，幾片樹葉打了個捲，輕輕落在了地上。李小娘子看著這最後的秋色，心想，冬天是真的要來了啊。怪不得古人將重陽登高稱為「辭青」，可不就是要跟漫山的生機告別了嘛。

大家舉起酒杯：「來，一起告別秋天。等明年春暖花開，我們再出來踏青吧。」

## 小知識

1. 宋太祖規定重陽節放一天假，宋神宗繼位後將重陽假期延長到了兩天。
2. 汴京各大酒樓在重陽節都會重新布置門前的裝飾，用很多菊花紮成拱門，裝飾窗戶。《東京夢華錄》記載：「酒家皆以菊花縛成洞戶。」
3. 古代民間有重陽登高的習俗，因此重陽節又被稱為「登高節」。這一天大家會去爬山登高，就地宴飲，賞秋景，插茱萸。茱萸可以入藥，有驅蟲避邪的作用，古代的婦人和兒童都會隨身佩戴茱萸囊，男子則會直接將茱萸插在頭上。如王維詩中所寫，「遙知兄弟登高處，遍插茱萸少一人」。漢朝的《西京雜記》也有記載：「九月九日，佩茱萸，食蓬餌，飲菊花酒，令人長壽。」
4. 因九九重陽有長長久久的意思，現如今重陽節又被賦予了一個新的含義——敬老節。這一天很多人會去探望家中長輩。

# 詩詞篇

到了冬至，汴京城迎來了今年的第一場大雪。這場雪比過去幾年的都要大，紛紛揚揚下了三天。雪停的時候，整座城銀裝素裹，白茫茫一片，又壯觀又夢幻。

由於天氣寒冷，李小娘子近兩個月都在家當宅女。外面實在太冷了，而且雪天路滑，還是在家抱著暖爐看書來得舒服。她家院子大，在家裡就能欣賞美麗的雪景。於是，李小娘子最近的日常就是，焚香看書，寫詩作詞，撫琴畫畫……

就比如現在，她正悠閒地坐在窗邊賞雪喝茶，婢女來找她，說是她哥的書僮來傳話，讓她去一趟。

李小娘子納悶：「去他家？難不成他又辦什麼雅集了？」她太了解李郎了，下這麼大的雪，他怕是心血來潮想搞個文藝類的聚會。

果不其然，婢女點頭：「說是準備弄一個雪中詩會，邀請了不少文人朋友，讓妳也去呢。馬車已經在門口等著了。」

李小娘子畢竟是汴京文藝女青年中的翹楚，但凡有類似的活動，李郎肯定不會忘了她的。正好李小娘子在家也宅夠了，趁著現在雪景好，倒是可以出去活動活動。她換了身厚衣服，披了大斗篷，抱了個暖手爐出門了。

李郎這次舉辦雅集的地點還是在他家院子裡的湖心島，不同的是，以往得划船上島，現在天寒地凍，湖水都結冰了，可以直接走過去，反正也就十幾公尺距離。

李小娘子在僕人的帶領下，小心翼翼走過冰面，上了湖心小島。她沒想到的是，這麼大冷的天，來赴會的人還挺多。有她認識的趙公子和趙家表妹，還有其他幾位李郎的老朋友。大家見她進來，友好地打招呼。

李郎先焚了個香，叫「雪中春信」，很應今天的景。

「既然人都來齊了，那我們就開始吧。」李郎說，「這一爐雪中春信，寓意是雪中盛開的梅花，等候春天到來。我們就以此為題，自由賦詩吧。」

在座的都是汴京小有名氣的知識分子，這個難度的詩詞對大家都不是難事。不過十分鐘時間，陸續有人「交作業」了。李郎讓大家一起當評審，互相投票。最終，李小娘子的五言詩奪得本輪冠軍。

李郎很驕傲：「我妹妹不愧是才女，賦詩水準越來越高了。」

李小娘子謙虛：「過獎啦，大家給面子而已。第二輪呢？我們考什麼？」

趙公子提議：「這樣吧，第一輪贏的人出第二輪的題，以此類推。」

（南宋）劉松年〈秋窗讀書圖〉（局部）

「好啊。」李小娘子接下這個任務，她掃視四周一圈，說，「我們現在都在湖中心的小島上，不如就以湖為主題，大家來寫詞吧。詞牌名是〈如夢令〉。」

「可以。」

領了任務，大家又開始埋頭作詞。李小娘子做為評審稍微輕鬆些，她趁著空檔給大家泡了茶。茶餅是她春天自己曬的，水是李郎去年埋在地下的高山雪水。大家品了茶，不由得誇讚李小娘子的手藝。

第二輪比賽，李郎毫無懸念勝出。於是他接著出題：「既然大家剛喝了茶，那這第三輪就以茶為題，詞牌名就用〈生查子〉吧。」

李小娘子身為茶道高手，這種題目對她來說簡直小事一樁，不到十分鐘她就放下筆了。等到大家都寫完，互相傳閱彼此寫的詞，李小娘子又得到了一致誇獎。

趙家表妹說：「你們兄妹倆還讓不讓別人活了，長得好看還這麼有文采，每次都贏我們。太嫉妒了。」

馬上有人附和：「是啊是啊，他們李家人才輩出，李小娘子的父親書畫一絕，在汴京城也是頗有名望的。就像東晉時期的謝家一樣。遙想當年下雪天，謝道韞一句『未若柳絮因風起』至今仍然是絕唱啊。」

李小娘子臉一紅：「不敢當不敢當，我怎麼敢自比才女謝道韞呢。不過她確實是我的偶像。」

寒暄了一輪過後，李郎說先休息一下，半個小時後繼續。他吩咐書僮上茶點，李小娘子也幫著李郎一起泡茶招呼大家。

不一會兒，雪又下大了。

**小知識**

1. 古人的雅集一般指文人雅士坐在一起吟詩作詞的聚會。和普通聚會不一樣，雅集側重以文會友，藝術性更強。歷史上比較有名的雅集，如王羲之的蘭亭雅集，白居易的香山雅集，蘇軾、黃庭堅等人的西園雅集。
2. 宋代畫家李公麟的〈西園雅集圖〉畫的就是蘇軾等人在駙馬都尉王詵府上參加雅集的場景，畫中人有吟詩的、作詞的，還有彈琴的。

3. 謝道韞，東晉著名才女，出自當時最大的望族之一謝家。某日謝家聚會，謝安指著大雪讓子侄輩賦詩，謝道韞一句「未若柳絮因風起」流傳至今。這一故事被收錄在《世說新語》中。

# 新年篇

# 除夕夜的爆竹聲，千年前就有了

不知是不是因為天冷習慣宅在家，李小娘子覺得這個冬天過得特別快，一眨眼這一年就過去了。

除夕當天一早，婢女拿出一套嶄新的衣裙，對李小娘子說：「我一早去取回了妳訂做的新衣服，快來試試合不合身。」

「一會兒再來試吧，先去看看我爸媽在幹嘛。」

春節她爸可以休一個長假，按照慣例，除夕這一天她爸媽都會待在家，盯著「四司六局」安排家中大小事。她走到廚房門口，果然看見李夫人在指揮大家幹活。

「灶台擦乾淨點，還有櫃子，裡外都得打掃。舊碗筷挑出來扔了，年後換新的。」

看見女兒來了，李夫人拉著她問：「衣服試了嗎？明天得穿著去拜年，萬一不合身現在送去改還來得及。」

李小娘子說：「其實都不用試，上次量了尺寸做的。而且我年年在那家店做衣服，他們家裁縫的手藝靠得住。」

李夫人事情多，懶得管她。她一會兒還得去佛堂，清潔神龕是除夕最重要的事情之一。每年新年拜祖先，神龕是不能有一點灰塵的。

李小娘子見她媽這急急忙忙的樣子，很不解：「交給他們去辦就行了，妳還得事事親自盯著啊？」

「我正好今天沒事。再說了，除夕這麼重要的日子，不親自看著我不放心。走吧，我們去門口掛桃符。」

所謂「掛桃符」，就是把畫著神荼和鬱壘兩位門神像的桃木板掛在大門口，用以鎮住妖邪。每年除夕，家家戶戶門口都會用新的桃符來替換去年掛上的。自宋代開始，這一習俗在民間日益興盛。我們現如今貼門神的習俗，就源自掛桃符。

李小娘子知道她媽最看重傳統習俗，便拿著婢女給她的桃符，陪她媽一起掛上。

家裡院子大，打掃起來就比較麻煩。大家忙裡忙外，從上午一直做到下午，總算把清掃工作完成了。李夫人上上下下檢查了一遍，非常滿意。接下來，她就該盯著廚房準備豐盛的晚餐了。

李小娘子問她媽：「怎麼不見爸？」

「他說出門有點事。」正說著李老爺，李老爺就回來了，跟著他的隨從拎著一個包袱。李小娘子以為他是去買東西了，問包袱裡是什麼。

李老爺說：「去給我朋友高先生送了點屠蘇酒，這是他回贈給我的餃子。他們家廚娘包餃子可好吃了，今天我們算是有口福了。」

「先交給廚房吧，我們可以守歲的時候吃。」

「行，都聽妳們的。那接下來沒我什麼事了吧？我就等吃晚飯了？」

「吃晚飯之前還得拜祖先呢，你先去歇著吧，晚飯開始了我叫你。」

李小娘子看著她爸媽一唱一和的，心想反正也沒她什麼事了，於是心安理得地回房「癱」著了。

天漸漸黑了，沒過多久，最令人期待的除夕晚宴開始了。李小娘子一家圍坐在桌子前，吃著廚師特地烹飪的美食，喝著屠蘇酒，說著吉利話。差不多他們吃完飯，外面傳來了響徹雲霄的爆竹聲。

「一定是宮裡開始放爆竹了。」李老爺說。

宮裡的除夕夜必然是最熱鬧的，每年這個時候，汴京城幾乎人人都能聽見宮中的爆竹聲，這意味著，除夕的狂歡要開始了。

等到宮中的爆竹聲結束，大街小巷劈里啪啦響個不停，大人小孩都去外面放爆竹了。放完爆竹他們就要圍坐在一起守歲，等待新一年的到來。

**小知識**

1. 除夕當天掛桃符、清理神龕、祭拜祖先、燃放爆竹、守歲等都是宋朝就有的習俗。《夢粱錄》記載：「淨庭戶，換門神，掛鍾馗，釘桃符。」《東京夢華錄》記載：「是夜，禁中爆竹山呼，聞聲於外。」
2. 宋朝就有餃子，只不過那時候的餃子被稱為「角子」，自南北朝就有了。除夕吃餃子代表大家對新年的美好期待。
3. 飲屠蘇酒是宋朝新年的另一習俗。傳說屠蘇酒是由華佗發明的，配方包括大黃、白朮、桂枝、防風、花椒、烏頭、附子等中藥材。

# 宋朝人過新年，還可以這樣玩

正月初一的一大清早，李小娘子就起床了。她非常細緻地給自己化了個美美的妝，戴上了花冠，換上昨天剛取回來的那身隆重的新衣服。穿戴完畢，她在鏡子前轉了個圈，非常滿意。

李夫人派人來催了三、四次，李小娘子才慢悠悠到了客廳。

「怎麼才出來啊，走吧，我們得拜年去了。」李夫人話說到一半，見女兒一身打扮，滿意之餘又有些疑惑，「我們去拜年而已，妳要穿這麼隆重？」

「新年隆重不好嗎？」

「好是好。算了，走吧。」

李小娘子跟著爸媽出門了。她沒告訴他們，她打扮成這樣，是因為孫姑娘約了她，拜完年一起玩關撲去。

關撲是北宋最流行的一種賭博遊戲。雖然宋朝禁賭，但是從正月初一開始的三天內，關撲是合法的！也正因為如此，每年的這幾天，全汴京城都在玩關撲。李小娘子很喜歡玩，並且手氣特別好。孫姑娘是關撲新手，她早就對李小娘子的技術頂禮膜拜了，因此幾天前她就跟李小娘子約好，新年的傍晚一起去潘樓街玩關撲，過足癮再回來。她兩個哥哥也會去，所以不用擔心賭資不足的問題。

馬車走了一小段路，李小娘子不停地往外面看。只見新年的街上十分熱鬧，拜年的人和馬車來來往往，還有不少穿著新衣服在路邊嬉戲玩耍的小孩子。

很多大戶人家門口都掛了紅紙袋，上面寫著「接福」二字。早些年李小娘子不知道這是什麼意思，問她爸，她爸說，在朝中任職的人事務繁忙，而且新年這一陣子他們應酬太多，沒有辦法向所有親戚朋友拜年，只能派人拿著自己的賀卡代為拜年。一來二去，大家就在門口掛了紅紙袋，專門用以接收拜年的賀卡。

李小娘子家的大門口也掛了這麼一個接福袋。她爸的同事太多，她媽也有不少朋友，沒辦法一一拜年問候。他們現在要去的是幾個長輩家，還有她大伯父家，然後還得去她爸的長官家送賀卡。小時候被父母拉著出門拜年她沒什麼感覺，現在想來，拜年也是一件挺累的事。

在爸媽的帶領下，李小娘子把汴京城走了個遍，總算完成了拜年任務。好不容易熬到傍晚，李小娘子按捺不住激動的心情，美孜孜的出門了，她最期待的關撲大戲即將到來。

李小娘子照例坐馬車去了潘樓街。這一路走來，她看見很多主街道都紮起了綵棚，數量比去年更多，也更大。綵棚下面都是擺攤的，賣的東西琳琅滿目，大部分是女孩子用的各種首飾、衣服、胭脂水粉，還有香囊這些小玩意兒。

李小娘子想著新年到了，得給閨密準備份禮物。於是她下了馬車，挑了幾件好看的頭飾，讓攤主包好。

馬車繼續向前行駛，快到潘樓街的時候，街道開始壅堵，因為附近的瓦舍有新年特別場的演出。這個時候的演出門票非常難買，價格也比平時高出不少。儘管如此，瓦舍門口還是人山人海，一票難求。

李小娘子自然不打算在這個時候去瓦舍湊熱鬧，對她來說沒有什麼比關撲更吸引人。她得珍惜這三天，錯過這個村就沒這個店了。

到了關撲館子，李小娘子一下車，孫姑娘笑著跑過來，拉她入內：「快點，我哥他們都已經開始啦。」

李小娘子讓婢女從馬車上拿了一包東西下來，這些都是她今天的賭資。有飲食糕點、筆墨紙硯、香囊首飾等等。關撲不比其他賭博遊戲，什麼都可以拿來做賭注，只要你敢賭，就有人敢要。李小娘子玩關撲純粹圖個樂，不過她相信，以她的水準，她肯定能贏，還會滿載而歸！

**小知識**

1. 宋朝禁賭，但新年三天是開放關撲的，《東京夢華錄》記載：「貴家婦女，縱賞關賭，入場觀看，入市店館宴，慣習成風。」
2. 宋朝開始有了送賀卡拜年的方式。因士族應酬多，無法親自向所有親朋好友拜年，於是讓家人或僕從拿著自己的「名刺」代替前往。如《清波雜志》：「宋元祐年間，新年賀節，往往使傭僕持名刺代往。」

國家圖書館出版品預行編目資料

來去宋朝住一晚：汴京城老司機，帶你吃喝玩樂365天！/雲葭著. -- 初版.-- 臺北市：平安文化，2022.06面；公分. --(平安叢書；第721種)(知史；21)

ISBN 978-986-5596-89-7(平裝)

1.CST: 社會生活 2.CST: 生活史 3.CST: 宋代

635 111007616

平安叢書第721種
知史 [21]


# 來去宋朝住一晚

## 汴京城老司機，帶你吃喝玩樂365天！

原書名：《挑戰古人100天》
本中文繁體字版由銀杏樹下（北京）圖書有限責任公司授權平安文化有限公司獨家出版發行



《挑戰古人100天》：文化部部版臺陸字第111043號；許可期間自111年4月12日起至116年6月12日止。

作　　者—雲葭
發 行 人—平雲
出版發行—平安文化有限公司
台北市敦化北路 120 巷 50 號
電話◎ 02-27168888
郵撥帳號◎ 18420815 號
皇冠出版社（香港）有限公司
香港銅鑼灣道 180 號百樂商業中心
19 字樓 1903 室
電話◎ 2529-1778　傳真◎ 2527-0904
總 編 輯—許婷婷
執行主編—平靜
責任編輯—張懿祥
美術設計—嚴昱琳
行銷企劃—鄭雅方
著作完成日期— 2021 年
初版一刷日期— 2022 年 6 月

法律顧問—王惠光律師


如有破損或裝訂錯誤，請寄回本社更換
讀者服務傳真專線◎ 02-27150507
電腦編號◎ 551021
ISBN ◎ 978-986-5596-89-7
Printed in Taiwan
本書定價◎新台幣 340 元 / 港幣 113 元